S.O.S. ASTROLOGÍA

La edición original de esta obra ha sido publicada por Hardie Grant Books, sello editorial de Hardie Grant Publishing, con el título

Astrology SOS

Traducción del inglés
Gemma Fors

Primera edición: marzo de 2022

Impreso en China
Depósito legal: B 19445-2021
Código Thema: VXFA
Astrología

ISBN 978-84-19043-02-3

Cinco Tintas
Av. Diagonal 402 – 08037 Barcelona
www.cincotintas.com

Ilustraciones
de Jordan Amy Lee

S.O.S. ASTROLOGÍA

The
WOKE
MYSTIX

cincotintas

Contenidos

Introducción

Astrología, ¿para qué?

Seguro que alguna vez has sentido que tu signo astral era solo la manera que tenía el mundo de juzgarte sin conocerte, asumiendo que debías ser de un determinado modo en base a unas cuantas características. Como ocurre con otras muchas cosas, la astrología es mucho más que eso. *S.O.S. Astrología* es un manual básico que te ayudará a viajar por la turbulenta energía de nuestro sistema solar y prestar atención a cómo afecta a nuestras vidas.

La astrología existe desde el inicio de los tiempos. Los pueblos del antiguo Egipto, Grecia y Roma miraron hacia las estrellas buscando entenderse mejor. Ampliar nuestros conocimientos de astrología puede ayudarnos a comprender la ciencia y la energía que subyacen al sistema que influye nuestro sueño, funcionamiento, comunicación e incluso nuestros sentimientos. En ocasiones, nuestra manera de reaccionar ante diferentes situaciones va más allá de nuestras acciones: está verdaderamente escrita en las estrellas.

La astrología puede predecir resultados futuros y nos enseña que, echando la mirada atrás, dichos resultados se alineaban con los momentos más importantes de nuestras vidas. Comprender mejor el funcionamiento de la energía planetaria que se mueve a nuestro alrededor puede ayudarnos a encontrar el camino adecuado en la vida y apoyarnos mientras avanzamos en el terreno astrológico. En resumen: la astrología puede explicar por qué suceden las cosas, y este libro pretende ser tu hoja de ruta.

Quiénes somos

The Woke Mystix empezó en forma de pódcast. Nos juntamos para promover conversaciones inclusivas y cercanas sobre espiritualidad y astrología. Antes del pódcast, nos conocimos cuando las dos trabajábamos en el mundo de la moda y nos unió nuestra pasión por lo espiritual. Sobre el papel, parecemos muy similares, ambas mestizas, creativas, líderes originales de pensamiento espiritual, pero nuestros historiales y educación dispares nos permiten aportar una visión amplia desde dos perspectivas distintas. Imani creció con su intuitiva madre, practicando con el tarot de los ángeles y el papel de médium desde pequeña. De mayor, todo eso la preparó para su carrera espiritual y su trabajo como oráculo cuántica. La abuela de Ellen fue quien la introdujo en el mundo de la astrología, que luego derivó en su interés por las ciencias de lo oculto. Ahora se dedica a la lectura del tarot y es astróloga.

Hemos navegado por nuestros propios retornos de Saturno (páginas 96-111) y viajes espirituales, de modo que hemos encontrado herramientas que nos han ayudado a lidiar con los retos inesperados que llegan con los retrógrados, las fases lunares y las relaciones incompatibles. Tanto si te inicias en el tema de la astrología occidental como si buscas la manera de profundizar más en tu camino espiritual, ¡bienvenido! Las integrantes de *The Woke Mystix* vamos a alimentar tu empoderamiento derribando mitos, alineándote con las estrellas y proponiendo maneras de cuidarte.

The Woke Mystix: Líderes de pensamiento espiritual, mestizas y originales.

Cómo usar este libro

Si hace poco has roto con tu pareja, quizá te resulte útil saber si Venus, el planeta del amor, se encuentra en retrogradación. Si discutes constantemente con tu compañero de piso, tal vez las posiciones de vuestras lunas, que afectan la manera de procesar las emociones, no sean compatibles. Los grandes acontecimientos vitales o la comunicación esencial, desde la elección de una pareja hasta dar con el mejor momento para pedir un ascenso al jefe, pueden verse determinados por la astrología. El presente libro pretende ayudarte a comprender lo que ocurre con los planetas en un momento dado, para que puedas salir airoso de los desafíos que nos presenta la vida con menos quebraderos de cabeza.

En cada apartado, encontrarás los mitos, la historia y los acaecimientos habituales asociados con cada tránsito, junto con sugerencias para que te cuides que te ayudarán a superarlos. Descubre cómo avanzar entre planetas retrógrados, eclipses, equinoccios y altibajos cotidianos para no sentirte a oscuras nunca más. Con estas herramientas, aprenderás cuándo es buen momento para cambiar de trabajo, comprenderás cómo cuidarte mientras superas una ruptura y descubrirás la manera de aceptar una pérdida por intervención divina. Todos estamos hechos del mismo polvo de estrellas que los planetas de nuestro universo. Pon en práctica los consejos para cuidarte y usa las herramientas planetarias para moverte con el universo, más alineado con su sistema natural de navegación. Con este libro, aumentarás tu conciencia de las compatibilidades en las relaciones, descubrirás tus propias pasiones, comprenderás las lecciones del karma y hallarás plenitud al obtener dominio sobre tu ser.

Retrógrados

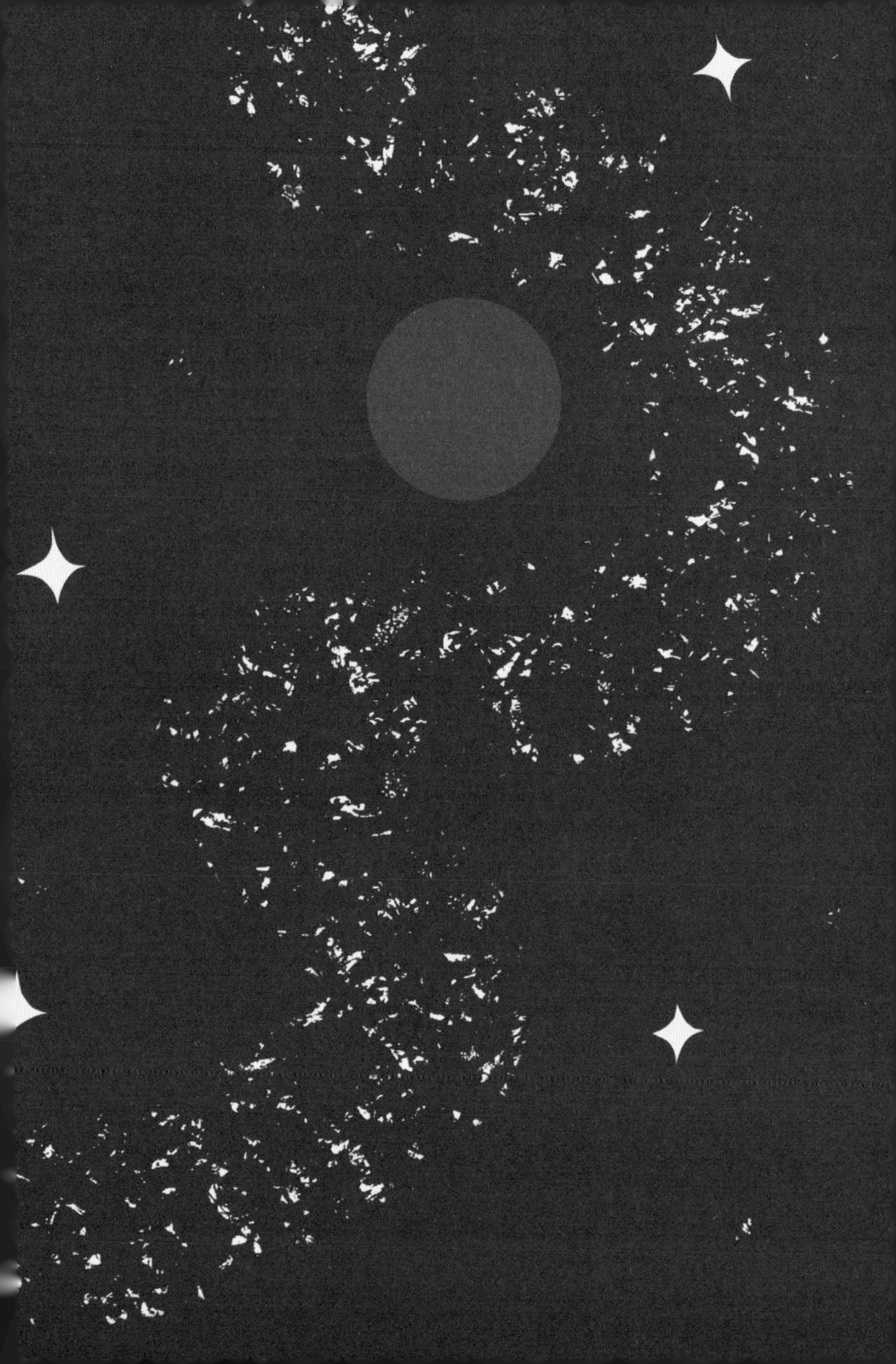

Saber qué planetas se encuentran en retrogradación puede alertarnos del caos antes de que se presente.

Retrógrados

Tal vez no sea posible retroceder en el tiempo, pero los retrógrados nos brindan la oportunidad de visitar escenarios del pasado y reflexionar sobre nuestras decisiones. A pesar de creer que ya has salido de una situación, los retrógrados vendrán a ponerte a prueba. Los planetas retrógrados causan lentitud e interrupciones de nuestros planes, motivo por el cual son un momento en que es aconsejable tomarnos las cosas con calma. La retrogradación de un planeta puede durar desde unas pocas semanas hasta seis meses, y a veces se dan varios al mismo tiempo. No olvides que cada retrógrado tiene su periodo de sombra, durante el que empezamos a ver sus efectos antes de que haya empezado; puede que incluso estemos gestionando la energía final de un retrógrado finalizado recientemente.

Los retrógrados suelen remover las cosas y nos dan la oportunidad de reconectar con nuestro yo superior. Cada planeta destaca un área concreta, como la comunicación, el amor, patrones kármicos, renacimiento y otras. Los propósitos y la determinación son claves para los periodos de retrogradación porque nos ayudan a avanzar con confianza cuando el planeta va directo. Cuando un planeta va directo, vuelve a moverse hacia delante. Saber qué planetas están en retrogradación puede alertarnos del caos antes de que se presente. En este capítulo, compartimos consejos para gestionar los retrógrados, e incluimos habilidades e ideas para la calma y el cuidado. Hay mucho que tratar, por eso es un capítulo largo, pero armarte con estos conocimientos marcará la diferencia.

Mercurio retrógrado

«¿Soy yo o es la retrogradación de Mercurio?»

Siempre es importante sentirnos responsables de nuestras acciones, pero saber cuándo se da Mercurio retrógrado nos proporciona un marco para poder actuar con menos temeridad y más intención. Mercurio rige la comunicación, la tecnología y los viajes. Lleva el nombre del mensajero de los dioses romanos. En la astrología occidental, Mercurio gobierna sobre Virgo y Géminis. Es, además, el planeta de nuestra órbita que se mueve a mayor velocidad, por lo que se encuentra en retrogradación tres o cuatro veces al año, y estos retrógrados pueden durar tres semanas y media. Entonces ¿cómo superar el Mercurio retrógrado? No podemos prometer que no vayan a sufrirse pérdidas, pero prepararse para lo inesperado ayuda. En las páginas que siguen, conocerás los acaecimientos habituales de Mercurio retrógrado.

TECNOLOGÍA

Cabe esperar problemas tecnológicos, y hay que atender a cada detalle

Una de las primeras cosas que probablemente notarás es que la comunicación se ralentiza. Como si alguien aplicara un efecto de cámara lenta a la película de tu vida y no eres capaz de acelerarla: ¡la peor pesadilla de un milenial! Pueden pasar días (¡o semanas!) antes de recibir la respuesta del proyecto que solicitaste, o de la plaza para la que tanta ilusión te hizo la entrevista. Tal vez quieran contratarte, pero su energía está comprometida en otra parte. El correo electrónico y otros tipos de correspondencia tecnológica parecen no lograr entrar en conexión. Quizás el ordenador precise una actualización de *software* y el mensaje que esperas desde la semana pasada podría estar en la carpeta de *spam*. Si necesitas trasladarte de domicilio o cerrar un trato durante la retrogradación de Mercurio, ¡revísalo todo antes de firmar nada! Que no te sorprenda si los problemas a la hora de negociar un contrato u otros asuntos legales parecen acumularse. En ocasiones, nuestros horarios no funcionan a la par con el reloj astrológico y la vida debe continuar, pero ten siempre en cuenta las estrellas.

CUÍDATE ASÍ | ***Practica la respiración***

Antes de ponerte a gritar al ordenador, relájate y respira. Busca un espacio cómodo donde te sientas seguro y tranquilo. Túmbate con la cabeza apoyada, y colócate una mano sobre el estómago y la otra sobre el corazón. Respira hondo con el abdomen y nota cómo se hincha. Al exhalar por la boca, imagina que el aire circula por todo tu cuerpo. Cuando lo haces, sales del sistema nervioso simpático y entras en el parasimpático. De este modo pasas del modo «lucha o huida» a un estado de descanso. Practicar la respiración alivia la ansiedad que produce lo que no podemos controlar. Tal vez no podrás evitar que la tecnología se colapse, pero reconectar con tu respiración te permitirá recentrarte.

Practicar la respiración alivia la ansiedad que produce lo que no podemos controlar.

VIAJES

CABE ESPERAR RETRASOS Y DESVÍOS

¿A punto de comprar un billete para tu próximo viaje? Vale, ¡pero contrata también un seguro! Viajar puede verse enormemente afectado durante Mercurio retrógrado. Si sientes frustración por vuelos perdidos, cancelaciones y cambios de horarios, recuerda que una energía superior está en juego. Si tú y tus amigos planeáis un viaje por carretera, cerciórate de llevar el coche al taller antes de salir y salid con tiempo de sobra. Es aconsejable ser proactivo con Mercurio retrógrado. ¡Vale más prevenir que curar!

CUÍDATE ASÍ | ***Automasaje calmante***

Te encuentras en un atasco y no vas a llegar puntual a tu reunión. Saca tu frasquito de viaje de aceite esencial de eucalipto y aplica una gota en la yema de los dedos índice y corazón. Con las puntas de los dedos en las sienes, ejerce una suave presión acompañada de movimientos circulares, cinco hacia delante y cinco hacia atrás. Repite según sea necesario. El uso de eucalipto sobre los puntos de acupresión puede aliviar el estrés momentáneo. Es posible que no llegues a la reunión a tiempo, pero, cuando llegues, sí puedes hacerlo manteniendo la calma y preparado para la jornada.

El aceite
de eucalipto ayuda
a aliviar el estrés en
los viajes cuando
Mercurio se halla
en retrogradación.

COMUNICACIÓN

Es como si hablaras otro idioma

Si discutes con tu compañero de piso por la limpieza del salón o te parece que tu pareja no dice: «Te quiero» con suficiente frecuencia, tal vez se deba a que estás siendo víctima del efecto de Mercurio retrógrado. Todo lo que digas puede malinterpretarse o quizá te muestres ultrasensible a las opiniones ajenas. En lugar de mantener estas duras discusiones durante la retrogradación, plantea el problema cuando Mercurio transite directo. Si surge una pelea, no te tortures; había que airear esa energía para quemarla en el fuego.

CUÍDATE ASÍ | *Curación con cristales*

Si no vas a ninguna parte con la comunicación, deberás alinearte con tu verdad. Para activar tu chacra de la garganta y mejorar la comunicación, usa cristales de lapislázuli o turquesa para sanar y hacer oír tu voz. Puedes meditar con estos cristales acostándote y colocándotelos sobre la garganta. Llevarlos en el bolsillo o en la mano te hará sentir empoderado mientras participas en una conversación. Si en alguna ocasión pierdes un cristal, eso suele ser una señal del universo que te indica que ya ha cumplido con su cometido.

RELACIONES

¡Cuidado con el retorno de tu ex!

Con Mercurio retrógrado, la nostalgia inunda el aire. Nos dejamos llevar por recuerdos y viejas historias, y sentimos la tentación de llamar a nuestra expareja. En el caso de que te veas con un paquete de pañuelos en una mano y un montón de viejas fotografías en la otra, debes dar un paso adelante y surfear los sentimientos: son pasajeros. Recuerda, no obstante, que con Mercurio retrógrado no es momento de reabrir puertas que cerraste. Intentarás convencerte de que es buena idea, pero, al finalizar el retrógrado, deberás enfrentarte a la realidad. Si afloran viejas energías, podría ser para pedirte que pases página.

IDEA PARA EL DIARIO | ***Escribe una carta***

Mientras te recreas recordando los buenos tiempos, poner por escrito las cosas puede ayudarte a procesar lo que va aflorando. Abre tu diario y pregúntate qué emociones sientes. ¿Están ligadas a tu momento presente o a un recuerdo del pasado? Si te entran ganas de ponerte en contacto con alguien, escríbele una carta en tu diario y que sea solo para tus ojos. Es importante honrar el pasado por lo que te ha enseñado. No te juzgues por lo que sientas; deja que la carta refleje tu verdad.

La conciencia plena con Mercurio retrógrado te ayudará a evitar contratiempos innecesarios.

SOBREVIVIR A MERCURIO RETRÓGRADO

La práctica de la atención o conciencia plena (*mindfulness*) durante este periodo puede ayudarte a evitar contratiempos innecesarios. Practica la paciencia y el perdón por la mala comunicación; a los demás también les afecta el retrógrado. Es importante poner intención en tus palabras y mostrar compasión cuando se produzcan malentendidos. Reaccionar mal puede parecer liberador en el momento, pero a la larga siempre es mejor una reacción más serena. Sé consciente de que la comunicación, la tecnología y tus planes van a tambalearse, y procura tomártelo bien para no estresarte. Recuerda que la energía está fuera de tu control y que todo esto es temporal. Combatir la energía es más difícil que acoger las lecciones que se presenten. Con Mercurio retrógrado, nunca es aconsejable echar más leña al fuego. Al contrario, limítate a ser consciente de la situación para salir reforzado.

Venus retrógrado

¿Es cierto que las mujeres son de Venus y los hombres son de Marte?

Hay que aclarar que la energía divina femenina no tiene género; es decir, que llega a cualquier persona, se identifique como varón, mujer o no binario. Venus es el planeta del amor, la belleza, la abundancia y la energía divina femenina. Rige estos sectores por sus vínculos mitológicos con arquetipos de diosas como Afrodita en la mitología griega, Oshun de la religión yoruba o Lakshmi en el hinduismo. Si deseas realizar un hechizo de amor, pide ayuda a una de estas deidades.

En la astrología occidental, Venus gobierna sobre Libra y Tauro. Venus retrógrado llega aproximadamente cada 18 meses y dura unas seis semanas. Si te apetece cortarte tú mismo el pelo, si tu vida amorosa parece estancada o si recibes un temido mensaje de tu ex diciendo: «Pienso en ti», ¡cuidado! Quizá debas echar una ojeada a las constelaciones para ver si se trata de los efectos de Venus retrógrado.

AMOR Y ROMANCE

Si estás soltero, estás destinado a convivir solo con gatos

Si no tienes pareja y eso te preocupa, puede que notes que dedicas más tiempo del habitual a las aplicaciones para emparejar personas. Deja la copa de vino y olvida el móvil. Es normal que con Venus retrógrado tu vida romántica te parezca más deslucida. De repente, nadie te llama la atención o llegan menos mensajes a tu bandeja de entrada. Esto puede provocarte insatisfacción y, sin más, puede que empieces a ser crítico con tu aspecto. Si piensas que quieres teñirte el pelo de color rosa, puede ser recomendable esperar a que Venus transite directo (o al menos, hazlo con tinte no permanente). Ser hipercrítico contigo mismo cuando estás soltero es algo común, pero este momento podría resultar una buena oportunidad para centrarte en tu empoderamiento. Reflexiona sobre el tipo de personas que has atraído en el pasado. ¿Eran de personalidades parecidas? ¿Reconoces un patrón que se repita con cada persona nueva o cada vez que inicias una relación? Cuando se repite un mismo patrón, decimos que se trata de una relación kármica. Redefine tu ser como pareja observando cómo te mostraste en el pasado y cómo quieres mostrarte en el futuro. Presta atención a las características habituales de tus antiguas parejas y piensa en los nuevos patrones que deseas atraer.

CUÍDATE ASÍ | ***Mímate con un baño sensual***

Mimarse puede ser una buena manera de honrarse a uno mismo cuando Venus está en retrogradación. Prepara tu balneario casero o lleva a cabo tus rituales de belleza con el fin de subirte el ánimo. Enciende unas velas, quema incienso y pon música sensual para homenajear a tu parte femenina divina.

Prepárate un baño sensual con agua caliente y estos ingredientes:

- Aceite de rosas, para el amor
- Sal de Epsom, para depurar el cuerpo
- Pétalos de rosa y lavanda seca, para la relajación
- Aceite de almendras, para suavizar tu piel
- Ylang-ylang, para un toque sensual

CUÍDATE ASÍ | ***Construye tu altar como divinidad***

Crea tu propio altar de deidad: decóralo con rosas rojas o rosas, incluye un cuenco con miel que represente el dulzor que deseas traer a tu vida, añade imágenes en forma de mural de tus sueños que representen tu energía divina femenina, y quema una vela rosa.

CUÍDATE ASÍ | ***Cuídate con movimientos sensuales***

Pon música que te haga sentir empoderado y sensual. En un espacio abierto, cierra los ojos y deja que tu cuerpo guíe tus movimientos. Explora el espacio que te rodea, las paredes y el suelo. No pretendas controlar el tipo de movimiento que haces: limítate a escuchar lo que te dicte el cuerpo.

RECONEXIONES

Una llamada de tu ex es siempre una mala cosa

¿Te acuerdas de aquella persona «con derecho a roce» con quien lo dejaste hace unos meses? ¿Y de la que «desapareció»? ¿O del ex que nunca olvidaste? Todos podrían reaparecer ahora y pedirte que retomarais patrones de relaciones pasadas con el fin de atar cabos sueltos y poder empezar nuevos capítulos de vuestras vidas. También podrían volver porque entonces no llegaron en el momento adecuado. Si es el caso, recuerda que Venus retrógrado es un buen momento para la reconexión, pero espera hasta que finalice la retrogradación para construir con ellos una relación nueva. Esto no sirve solo para las relaciones sentimentales; también puede aplicarse con antiguos amigos íntimos y otras relaciones de vínculos fuertes que quedaron atrás. Si todavía albergas sentimientos de traición o resentimiento, ahora puede ser buen momento para afrontarlos. Si ha pasado cierto tiempo y estás abierto a la reconexión, puede ser hora de llamar a aquella persona.

IDEA PARA EL DIARIO | ***Amigos y amantes***

- Escribe algo acerca de un antiguo amigo o pareja en quien pienses. ¿Qué sentimientos afloran? Procura discernir si se trata de viejos sentimientos que piden ser desechados o si notas que son vigentes. Si sientes la necesidad de decirle algo a esta persona, escríbelo en forma de carta. Si el mero hecho de escribirlo te resulta lo bastante satisfactorio, quema el papel para soltar esa energía.

- Escribe sobre los tipos de pareja que has atraído en el pasado y sobre el tipo de pareja que deseas atraer en el futuro. Imagina también qué clase de amante deseas ser tú. Confeccionar una lista de deseos aportará claridad.

RELACIONES

La luna de miel ha terminado oficialmente

¿Tenéis más peleas que abrazos? Es posible que aquellos que estáis emparejados notéis que la falta de comunicación es más acentuada de lo normal cuando Venus está en retrogradación. De repente, todo lo que os parecía tan gracioso de la pareja ahora hace el efecto de las uñas rascando la pizarra. Cualquier cosa que hayas estado sofocando emocionalmente dentro de la relación o sobre lo que no hayas compartido tus sentimientos saldrá a la luz. Cuando salga, conviene disponer de las herramientas necesarias para la conversación. Es un buen momento para trabajar la intimidad emocional entre tú y tu pareja. Crea un ambiente en que cada uno pueda escuchar las necesidades emocionales del otro, y agradece siempre a tu pareja que las comparta contigo.

CUÍDATE ASÍ

Explora los seis tipos de intimidad con tu pareja

Existen seis tipos diferentes de intimidad. ¿Cuál es el más sólido entre tú y tu pareja? ¿Cuáles son los más flojos?

- **_Intimidad emocional_ –** Mostrarse abierto y vulnerable en relación con los sentimientos. Por ejemplo, ¿os sentís cómodos llorando delante del otro?

- **_Intimidad intelectual_ –** Intercambiar pensamientos e ideas sobre lo que pensáis y lo que os importa; compartir canciones favoritas, poemas o libros, e ideologías.

- **_Intimidad física_ –** No es lo mismo que la intimidad sexual; esta se refiere a las muestras de afecto. Por ejemplo, ir cogidos de la mano, abrazarse y acariciarse.

- **_Intimidad vivencial_ –** Llevar a cabo una actividad juntos, mostrarse plenamente presente sin distracciones, y probar juntos cosas nuevas.

- **_Intimidad espiritual_ –** Asistir a acontecimientos o centros espirituales juntos; salir a la naturaleza, meditar y compartir vuestros despertares espirituales.

- **_Intimidad sexual_ –** El sexo puede ser una representación física y externalizada de la intimidad emocional. La intimidad sexual puede incluir compartir los deseos sexuales, librarse de la culpa relacionada con el placer y construir reciprocidad.

ABUNDANCIA

Si tu salario no es de seis cifras, no vives con abundancia

La abundancia se presenta de diversas formas, la más común, el dinero. Pero es posible hallarla en el amor que uno da y recibe, en los objetos del hogar, y en muchas otras formas. En cuanto al dinero, Venus retrógrado es un periodo en que hay que vigilar las finanzas. Debes ser consciente del peligro de las compras impulsivas: tu deidad interior puede encapricharse de lujos. Aprovecha la ocasión para centrarte en tu cuidado y mimo personal montándote un día de balneario en casa. Te llenará más que lanzarte a llenar el carrito de una compra por internet.

CUÍDATE ASÍ | ***Mantra***

Recita este mantra para invocar a Lakshmi, la diosa hindú del amor y la abundancia, y favorecer así que se manifiesten estas cualidades en tu vida: *Om shreem maha lakshmiyei namaha.*

Significado: Om, ofrezco mis saludos a la gran diosa de la buena fortuna.

Libérate de antiguos patrones y comportamientos en tus relaciones. Fuera lo viejo, adelante lo nuevo.

SOBREVIVIR A VENUS RETRÓGRADO

La práctica de la atención plena con Venus retrógrado puede ayudar a minimizar los males del corazón. Conservamos viejos patrones en cuanto a comportamientos y en cuanto al tipo de energía que atraemos hacia nosotros. Este es un buen momento para prestar atención a antiguas y nuevas parejas que parezcan activar viejos patrones. Hay que desterrar lo viejo y dejar lugar a lo nuevo. Pon tu intención en soltar viejos ciclos y emplear tus energías de formas nuevas y satisfactorias. Recuerda que el mejor amor es el que uno siente por sí mismo. En las relaciones, es preferible ser sincero con los sentimientos en lugar de guardárselos y que más adelante se produzca una erupción.

Y no sería recomendable entregarse a un cambio de imagen radical en este periodo. Si te tienta la idea de un cambio, aléjate de las tijeras para el pelo y empieza con algo sutil de menor calado. A veces una manicura, un giro en la rutina de maquillaje o una mascarilla facial casera pueden cubrir el expediente hasta que Venus transite directo. Además, acuérdate de gastar el dinero conscientemente y concéntrate en las muchas áreas de tu vida donde florece la abundancia.

Marte retrógrado

¿Te sientes perezoso e incapaz de recuperar tu encanto?

Con Marte directo, te sientes seguro de ti mismo, asertivo, lleno de confianza. El estado de ánimo habitual es un «¡Aquí estoy!». Cuando Marte está en retrogradación, puedes sentirte inseguro y frustrado con tus proyectos, y puede verse afectada tu libido. Marte es el planeta del sexo y de la ira, y es el regente de Aries. En la mitología romana, Marte era el férvido dios de la guerra que era llamado a la acción cuando era necesario. Ayudaba a superar obstáculos y defenderse contra los enemigos. Marte retrógrado es un buen momento para prestar atención a nuestro poder interior y nuestra manera de reafirmarnos en el mundo. Afortunadamente, la retrogradación de Marte no ocurre con tanta frecuencia como otras. No obstante, cuando se produce, puede durar de ocho a diez semanas debido al movimiento lento de este planeta.

AUTOCONFIANZA

De repente te sientes como una flor marchita

Quizá no sepas identificar la causa de tu falta de confianza, pero de pronto no te sientes nada seguro de ti mismo. Reflexionar puede ayudarte a identificar de dónde salen estos sentimientos. Acepta tu autocrítica con el fin de sanarlos. Con Marte retrógrado, es posible que el trabajo u otros proyectos parezcan estancados. Las ideas que has estado persiguiendo ahora parecen detenerse o enfrentarse a obstáculos inesperados, y tus planes no salen como habías previsto, lo cual te trae problemas que debes resolver. Recuerda: el objetivo final es lo más importante, de modo que debes ser flexible en cuanto a la manera de conseguirlo.

CUÍDATE ASÍ | ***Meditación***

Como Marte está relacionado con el chacra de la raíz, una meditación centrada en el arraigo mejorará las sensaciones de incerteza e inestabilidad. Sentado, visualiza raíces vegetales que se extienden desde tu esternón hacia el suelo. Mantente concentrado en la energía del chacra de la raíz tanto rato como sea necesario para sentirte arraigado.

CONCIENCIA CORPORAL

Es posible que el sexo sea lo último en lo que pienses ahora

¿Apagas el despertador sin levantarte para el entreno de las 7? Marte retrógrado afecta físicamente: puedes sentirte más perezoso y menos activo. Es habitual experimentar una falta de motivación para realizar cualquier actividad física. En lugar de forzarte, escucha a tu cuerpo y proporciónale movimientos restaurativos suaves. Tal vez prefieras estar solo en lugar de acompañado con Marte retrógrado. Tú y tu pareja quizá sintáis que sois víctimas de la rutina o quizá notéis cierta desconexión a la hora del sexo. También es posible que tu falta de confianza en este momento reprima tu deseo. Ten paciencia y date tiempo para explorar qué te pide el cuerpo.

CUÍDATE ASÍ | ***Explora tus deseos***

Reflexiona sobre tu relación con tu energía sexual. ¿Qué deseos reprimidos piden ser explorados? ¿Qué te hace sentir más juguetón o poderoso durante el sexo? Una vez identifiques estos deseos, explóralos, a solas o en pareja. Inicia una conversación para crear un espacio seguro donde comunicar tus necesidades. Comentar aspectos como palabras de seguridad, juegos de rol y límites es clave para la intimidad sexual.

CUÍDATE ASÍ	***Movimiento suave***

Mover el cuerpo puede resultarte difícil en este periodo. Prueba con movimientos suaves, como un paseo por el barrio o una sesión de yoga restaurativo.

CUÍDATE ASÍ	***Respiración activa***

Crea una lista de reproducción que te ayude a sentirte empoderado. Recomendaríamos música ambiente con fuertes *crescendos* para estimular el cuerpo sutil. El cuerpo sutil es la energía que se mueve a través del cuerpo.

Túmbate y siéntete cómodo. Colócate una mano sobre el estómago y la otra sobre el corazón. Inspira profundamente por la nariz, luego exhala por la boca. Repite tantas veces como te resulte necesario. Cuando estés a punto, inspira hondo por la nariz y luego exhala con un fuerte suspiro, que puede transformarse en un grito. Si te encuentras en un entorno donde no sea adecuado gritar, puedes ponerte una almohada sobre la boca para atenuar el sonido. Esta es una manera de reafirmar tu voz y activar el chacra de la garganta.

Presta atención a los recuerdos que te vengan con la respiración activa, y nota dónde se almacenan dentro de tu cuerpo.

GESTIÓN DE LA IRA

No te exaltes

Vale, es más fácil decirlo que hacerlo, y admitimos que pedirle al dios de la guerra que se calme probablemente no saldría muy bien. Marte retrógrado puede hacer saltar la chispa de la ira, que puede presentarse inesperadamente y sin razón aparente. Tal vez notes que la gente se muestra más impaciente de lo habitual. Procura evitar los conflictos innecesarios y, cuando surjan, toma nota de lo que despiertan en tu interior. No estás loco; te hacen saltar viejas heridas y traumas almacenados en tu cuerpo. Es posible que aparezcan recuerdos de cosas no resueltas que siguen ejerciendo poder sobre ti. Presta atención a los sistemas de creencias que estos recuerdos han creado. Observa e intenta descubrir si provienen de un espacio de supervivencia y miedo o de un lugar de arraigo y comprensión.

IDEA PARA EL DIARIO | ***Gestiona tu ira***

Los sentimientos como la ira, los celos, el ego, la traición, la frustración, la lujuria y el deseo pueden hacerse prominentes con Marte retrógrado. Anótalos y escúchalos. Una vez hecho esto, ¿qué quieres hacer con estas revelaciones? ¿Qué te enseñan sobre ti mismo? Supera tu impulso de juzgar tu ira y piensa cómo quieres transmutarla.

CUÍDATE ASÍ | ***Ritual de quema***

Elimina antiguos patrones reflexionando sobre bloqueos o sistemas de creencias que te hayas creado y te estén impidiendo actuar. Escríbelos en un papel, empezando por las palabras: «Quemo...». Pon el papel en un cuenco de cerámica, en el exterior, y quémalo para liberarte de la lista.

CUÍDATE ASÍ | ***Cristales para transmutar la ira***

- ***Cuarzo ahumado:*** activa el chacra de la raíz y ayuda a suavizar la confusión no resuelta que provoca la ira.

- ***Howlita:*** ayuda a suavizar el comportamiento autodestructivo, y sirve para calmar, tranquilizar y aliviar la ansiedad y la ira. Además, ayuda a disolver el odio, tanto hacia uno mismo como hacia los demás.

- ***Cornalina:*** se asocia con el chacra de la raíz. Activa la energía kundalini para aportar calma y equilibrio, y ayuda a transformar la ira en sabiduría.

Los sentimientos de incerteza pueden ser abrumadores con Marte retrógrado, pero recuerda que pasará.

SOBREVIVIR A MARTE RETRÓGRADO

Los sentimientos de incerteza pueden ser abrumadores con este retrógrado, pero recuerda que esto también pasará. Mientras, sé flexible con las fechas: puede que las cosas no lleguen cuando lo tenías previsto. Sé paciente con los demás y contigo; Marte retrógrado puede provocar que todos partamos de un punto más reaccionario de lo habitual. Presta atención a las provocaciones que puedan presentarse y céntrate en cómo superarlas. En lugar de entrar en situaciones de tensión, dedica tiempo a realinearte con tus objetivos y recuperarte hasta que Marte transite directo.

Júpiter retrógrado

Júpiter es nuestro planeta de la buena suerte, y su retrógrado es uno de los menos caóticos

La suerte es bienvenida de allá donde venga. Es lógico que el planeta más sabio de nuestro sistema solar esté asociado con el rey de los dioses en muchas culturas antiguas, como Zeus en la mitología griega; Thor, el dios nórdico del trueno, y Brhaspati, de la tradición hindú. En la astrología occidental, Júpiter es el regente de Sagitario, y entra en retrogradación durante cuatro meses una vez al año. Júpiter gobierna aspectos de la vida como la iniciativa, el conocimiento, la sabiduría, la objetividad y la alegría. Júpiter retrógrado puede expandir tu consciencia y ayudarte a mantener la fe, incluso cuando las cosas se demoran, en que todo llegará.

INDEPENDENCIA

No todos estamos destinados a destacar

No temas perderte nada si no sales. Con Júpiter retrógrado, es normal que busques el aislamiento para aclararte sobre lo que deseas. Puedes elegir tu propio camino en lugar de seguir al grupo cuando se trata de tomar decisiones. Es un buen momento para preguntarte en qué áreas de tu vida eres seguidor y en cuáles ejerces de líder. No vayas donde va la gente solo porque es lo fácil; esfuérzate para que tus acciones estén en línea con tus valores. ¡Cada voz es única y tiene algo importante que decir!

IDEA PARA EL DIARIO | ***Alinéate con tus valores***

- Piensa en las veces que has sido seguidor o líder en tu vida. Sintoniza con los valores morales que te motivan. Investiga y busca asociaciones o actividades que puedas realizar y se encuentren alineadas con tus pasiones, o tal vez puedas crear una.

- Medita sobre tu vida ideal. Piensa en todo lo que siempre has deseado, sin sentirte culpable, y anótalo. Al terminar, confecciona un mural de tus sueños con imágenes y palabras que reflejen lo que has escrito en el diario. ¿Estás muy lejos de alcanzar tus deseos en este momento? Este ejercicio te dará una idea de lo que hay que cambiar cuando Júpiter transite directo.

SUERTE Y SINCRONÍAS

La mala suerte siempre lo tiñe todo negro

¿Se te ha caído el móvil y se ha roto la pantalla? ¿Te han puesto una multa de aparcamiento? ¿Llevas días llegando tarde porque no oyes el despertador? Si te da la sensación de estar pasando por una racha de mala suerte, tal vez te preguntes: «¿Por qué yo?». Es primordial que recuerdes entonces que las cosas ocurren a tu favor, no en tu contra. Sé consciente cuando planees un viaje largo con Júpiter en movimiento retrógrado de que los retrasos o las cancelaciones son una realidad. Si colaboras con otros países, cabe esperar que la comunicación tarde en efectuarse. No obstante, lo que pudiera parecer un mal presagio puede ser en realidad una oportunidad para un cambio de perspectiva. Algo que parecería un cambio abrupto o un fiasco del universo podría ser en cambio un redireccionamiento. El incidente del móvil podría ser un recordatorio para que te mantengas presente y bajes el ritmo.

CUÍDATE ASÍ | ***Aceites esenciales***

Para cuidarte en momentos de tensión, lleva contigo una mezcla de aceites esenciales, como lavanda, rosa y pachuli, en un frasquito con espray. Cuando te sientas abrumado emocionalmente, rocíate las palmas de las manos con esta preparación tranquilizadora. Cúbrete nariz y boca con las manos en forma de cuenco, e inhala profundamente. Esto ayudará a calmar tu sistema nervioso.

CAMINO VITAL

Pregúntate y sé sincero

¿Te cuestionas sobre tu vida laboral, carrera universitaria o religión? Es un sentimiento común, y llega acompañado de cierta fatiga emocional: «¿Qué estoy haciendo con mi vida?». Con Júpiter retrógrado, es posible que te cuestiones tus ideales, especialmente si tienes la sensación de que fueron proyectados en ti o te sentiste forzado a aceptarlos en lugar de elegirlos por iniciativa propia. Pregúntate si tus ideales se basan en estándares sociales, expectativas familiares o tus propias pasiones. Quizá necesites expresar tu verdad durante el tránsito retrógrado de Júpiter: si es así, procura hablar con claridad pero evitando herir los sentimientos de los demás. Mostrarte sincero contigo mismo acerca de tus búsquedas y deseos es una de las maneras más efectivas de aprovechar el momento de Júpiter retrógrado.

CUÍDATE ASÍ | ***Meditación***

Siéntate cómodamente y ponte una lista de reproducción suave y tranquila para la meditación. Concéntrate en las seis energías de clarividencia de la intuición. ¿Con cuáles te identificas más?

- ***Clarividencia auditiva:*** para escuchar mensajes.
- ***Clarividencia visual:*** para ver mensajes.
- ***Clarividencia cognitiva:*** para comprender mensajes.
- ***Clarividencia sentimental:*** para sentir mensajes.
- ***Clarividencia gustativa:*** para degustar mensajes.
- ***Clarividencia olfativa:*** para oler mensajes.

El hecho de poder conectar con tus capacidades intuitivas te ayudará a mantenerte firme en tus verdades personales.

CUÍDATE ASÍ | ***Cristales para agudizar la intuición***

El cuarzo transparente ayuda a activar los chacras de la corona y el tercer ojo. Afinará tus capacidades intuitivas y potenciará la información que procede de tus guías.

Expresa gratitud cada día para concentrarte en los aspectos positivos de tu vida.

SOBREVIVIR A JÚPITER RETRÓGRADO

Júpiter retrógrado puede hacer que todo parezca fuera de lugar, pero recuerda que no durará para siempre. Expresar gratitud cada día te ayudará a concentrarte en los aspectos positivos de tu vida más que en los contratiempos. Así atraerás una mentalidad de abundancia y superarás bloqueos de energía. Si ves tambalearse tus sistemas de creencias, hará falta algo de introspección para comprender los cambios que están ocurriendo. Júpiter se vincula a la educación superior, de modo que ahora es un buen momento para dedicarlo a tus áreas de crecimiento aprendiendo y actuando como alumno de la vida. ¿Quizá valdrá la pena perseguir algún objetivo cuando el planeta vuelva a ir directo? Cuanto más sincero seas contigo mismo, más impacto tendrán estas lecciones.

Plutón retrógrado

¿Alguna vez has atravesado una fase de sexo, drogas y rocanrol?

Plutón, dios romano del inframundo, gobierna aspectos como el sexo, la muerte y lo oculto. La palabra «muerte» suena muy contundente, pero puede significar el fin de ciclos o relaciones que luego transcienden en nuevos comienzos. Plutón, este planeta enano, está conectado con el signo astrológico occidental de Escorpión, y entra en retrogradación una vez al año durante cinco meses. Todo lo que hayas estado esquivando de ti mismo te resultará de repente ineludible, y los ciclos kármicos y las fuerzas subconscientes sacarán a pasear a tus demonios interiores. Es hora de enfrentarte a ti mismo y sanar tus heridas interiores. Con Plutón retrógrado, nuestra relación con el dinero, el amor y nuestro niño interior reclaman atención. Cuando nos permitimos experimentar un renacimiento, nos alineamos con nuestro camino.

FINALES Y COMIENZOS

No existen los finales felices

Durante el movimiento retrógrado de Plutón, presta atención a los ciclos de tu vida que intentan llegar a su fin, ya sean trabajos, relaciones o patrones de pensamiento. Cualquier cosa que provoque el estancamiento de tu crecimiento se verá subrayada y soltada. Aunque implique una transición dolorosa, la muerte en definitiva conduce al cambio y a nuevas oportunidades. Hay belleza en permitir que algo pase toda su vida contigo y luego dejarlo ir cuando la lección que tenía para ti haya sido aprendida. Honrar la tristeza de los finales es importante, pero también lo es comprender que te facilitan descubrir lo que te espera a continuación en tu viaje.

IDEA PARA EL DIARIO | ***Déjalo ir***

¿Qué cosas de tu vida piden que las sueltes? Anótalas en un papel. Expresa gratitud por lo que te hayan enseñado y la intención de liberarlas. Pide ayuda a tus ángeles de la guarda para procesar lo que has escrito. Una vez completado este proceso, puedes quemar el papel, si lo deseas, como acto de liberación física.

CUÍDATE ASÍ | ***Ritual para cortar un vínculo***

Si experimentas una dinámica o conexión tóxica con alguien, lleva a cabo este ritual para dejarlo ir; te ayudará a limpiar la energía cuando Plutón entre en directo.

Necesitas: dos hojas de papel, bolígrafo, un trozo de cuerda, una vela blanca y un encendedor.

- Escribe tu nombre completo en una hoja de papel y el de la otra persona en la otra hoja. Ata un trozo de papel a un extremo de la cuerda y el otro al otro extremo. Sal al exterior con la cuerda y la vela. Medita con la cuerda en la mano, dirigiendo hacia ella tus frustraciones y heridas no expresadas. Al terminar la meditación, enciende la vela. Sujeta una hoja de papel con una mano y la otra con la otra mano. Colócalas de modo que el punto central de la cuerda quede sobre la llama de la vela, y déjala arder.

- Mientras arde, repite para ti:
  «Dejo ir esta conexión. Me libero de todas mis ataduras contigo. Te perdono por el daño que me has causado, consciente o inconscientemente. Me perdono por el daño que te pueda haber causado, consciente o inconscientemente. Estoy agradecido por lo que he aprendido y deseo expresar mi gratitud por la enseñanza».

- Cuando la cuerda se haya quemado por completo, puedes enterrar los restos de la cuerda y el papel.

JUICIOS

El ego no tiene nada bueno que decir

Plutón retrógrado puede darle un buen rato a tu ego. Cuando nos sentimos celosos, competitivos o enfadados, tendemos a reprimir estos sentimientos y juzgarnos. Si aceptamos estas emociones en lugar de juzgarlas, aprendemos de ellas y sabremos por qué nos acompañan. Las relaciones que forjamos a lo largo de la vida son espejos de nuestras emociones interiores. ¿Alguna vez has pensado que la discusión que mantienes con alguien en el fondo eres tú discutiendo contigo mismo? Cuando los demás nos juzgan (o nosotros mismos), siempre existe una lección que aprender. Plutón retrógrado favorece el aislamiento, ya que la reflexión se vuelve prioritaria a la socialización. El ego goza de mala reputación, pero comprenderlo conduce a la aceptación de uno mismo.

IDEA PARA EL DIARIO | ***Ego***

Elabora una lista con tus rasgos «menos favorables»: cualquier cosa que no te guste de tu personalidad o tu comportamiento. Indaga sobre las situaciones y momentos en que estos rasgos te han sido expuestos por otras personas. Escribe acerca de quién te enseñó que estos rasgos eran poco favorables y por qué. Esto te ayudará a ver qué cambiar y sanar de tus narrativas personales sobre la deseabilidad.

CUÍDATE ASÍ | ***Lectura de cartas***

Una consulta del oráculo o lectura de cartas de tarot puede ayudarte a identificar las influencias invisibles sobre tu subconsciente, y ello te permitirá empezar a trabajar tus sombras. El trabajo de las sombras implica explorar las emociones que habitan tu subconsciente, como la ira, el miedo y los celos, con el fin de sanarlas.

- Siéntate con las piernas abiertas en el suelo: eso te ayuda a recibir energía e información a la vez que te mantiene arraigado a la tierra. Calma tus pensamientos interiores con tres respiraciones profundas con los ojos cerrados. Baraja las cartas del oráculo o del tarot. Al hacerlo, concéntrate en esta pregunta: «¿Qué habita en mi subconsciente y necesita serme revelado?». Baraja las cartas hasta que tu intuición te dicte que te detengas. Extrae tres cartas, formulando las siguientes preguntas al elegirlas. Dispón las cartas en fila de izquierda a derecha.
- La carta de la izquierda responde a la pregunta: «¿Qué dolor estoy reteniendo que necesita ser sanado?».
- La carta del medio responde a la pregunta: «¿De qué manera dificulta este dolor mis acciones y crecimiento?».
- La carta de la derecha responde a la pregunta: «¿Qué puedo hacer para sanar este dolor subconsciente?».
- Anota las respuestas en tu diario y dedica un tiempo a reflexionar sobre la carta de la derecha e idear acciones tangibles cuando Plutón transite directo.

NIÑO INTERIOR

Dejas de ser niño cuando te conviertes en un adulto

Con Plutón retrógrado, tu niño interior reclamará atención. Aflorarán sentimientos de abandono y aislamiento, junto con tus peores miedos. Explora el origen de estas narrativas personales: ¿ves la luz al final del túnel aunque estés inmerso en la oscuridad de tus pensamientos? Tus habilidades para gestionar momentos de crisis emergen de tus experiencias infantiles, y tu manera de reaccionar a situaciones perturbadoras actuales recurre a los mecanismos de supervivencia que desarrollaste entonces. Como adulto, tienes la oportunidad de hacerle de padre a tu niño interior y crear un espacio seguro desde el cual responder a las cosas que te incomodan y te hacen daño.

IDEA PARA EL DIARIO | ***Dirígete a tu niño interior***

Piensa de qué forma no te escucharon de pequeño. ¿Qué elementos de tu dinámica familiar ves ahora más claros? ¿Qué mecanismos de supervivencia adquiriste a través de comportamientos aprendidos? ¿Estos mecanismos siguen siendo favorables de adulto?

JUEGOS DE PODER

El conflicto solo trae problemas

Plutón retrógrado te mostrará dónde existen luchas de poder, tanto a nivel personal como colectivo. Si notas al jefe encima más de lo habitual, o que el Gobierno se ve desafiado, son ejemplos evidentes de la presencia de Plutón retrógrado. En lugar de enfrascarte en luchas de poder con los demás, intenta comprender que estas situaciones se dan para que se cree un cambio. Modificar tu perspectiva te ayudará a reclamar tu poder personal cuando Plutón transite directo. Contempla la tensión como un lugar de aprendizaje que puede fomentar el entendimiento. Como ocurre con todo, Plutón quiere ser comprendido.

CUÍDATE ASÍ | ***Baño ritual para momentos de conflicto***

Conviene recordar que, al expresar emociones negativas, estas también se almacenan en nuestro cuerpo físico. Llevar a cabo este baño ritual con la intención de soltar lastre te ayudará a liberar la energía que se ha ido acumulando en tu organismo.

- Abre el grifo del baño. Añade sal de Epsom para relajar los músculos y agua de Florida para limpiar el aura de tu espacio físico. (El agua de Florida es un tipo de agua de colonia peruana elaborada con flores y hierbas.)
- Mientras estás en la bañera, visualiza la energía negativa saliendo de tu cuerpo para mezclarse con el agua. El agua, mediante un proceso de alquimia, transformará tu energía y te sentirás renovado y restaurado.

Plutón nos enseña que el propósito de nuestra alma está predestinado: lo importante es cómo nos transformamos a lo largo del camino.

SOBREVIVIR A PLUTÓN RETRÓGRADO

Plutón está aquí para enseñarnos que el propósito de nuestras almas está predestinado, pero lo importante es cómo nos transformamos a lo largo del camino. Este planeta gobierna nuestras capacidades psíquicas y nos ayuda a sanar las heridas inconscientes que todavía ejerzan su poder sobre nosotros. Al final de un tránsito retrógrado de Plutón, poseerás un mayor nivel de comprensión en relación con tu complicado trabajo interior. Como tu subconsciente se vuelve más pronunciado en este periodo, tendrás ocasión de observar las fuerzas que empujan el dictado de tus acciones. De este modo, cuando Plutón salga de su retrogradación, te moverás en un sentido más beneficioso para tu camino vital. Plutón retrógrado puede no significar mucha actividad externa, pero tu mundo interior se modificará de manera innovadora y revolucionaria.

Saturno retrógrado

En la mitología romana, Saturno es el padre de Júpiter, rey de los dioses

En astrología occidental, Saturno se mueve en retrogradación una vez al año durante cuatro meses y medio. Este planeta de tránsito lento gobierna Capricornio, y representa estructura y energía paternas. Saturno llega para controlar. Con Saturno retrógrado, nos vemos obligados a afrontar preguntas difíciles acerca de nuestro propósito en la vida. Este periodo destacará los problemas en el trabajo y en nuestros sistemas sociales. Saturno concierne los dares y tomares con nuestra figura parental, conocida como el universo. Te sorprenderá el punto hasta el que estos sentimientos interiorizados pueden afectar otras relaciones de nuestra vida. La retrogradación de Saturno te pedirá que confíes en estas emociones y lecciones del karma con el fin de crear dinámicas más sanas cuando transite directo.

KARMA

El karma siempre es negativo

Puede producirse una intensa limpieza kármica con Saturno retrógrado, tanto para situaciones como para relaciones. Las lecciones del karma ayudan a comprender mejor conceptos como el perdón, la liberación, la abundancia y demás. Resulta esencial identificar el propio camino kármico y reflexionar sobre cómo -y con quién- queda patente. La persona o situación quizá sean nuevas, pero la lección del karma la llevas asignada para toda la vida. Estas lecciones pueden indicar la ruptura de sistemas de creencias que ya no nos sirven. Las personas pondrán a prueba tus límites durante el tránsito retrógrado de Saturno, pero es crucial mantenerse fuerte con el fin de cubrir las propias necesidades y hacer oír los propios sentimientos.

IDEA PARA EL DIARIO | ***Lecciones del karma***

¿Qué lecciones se te han presentado recientemente? ¿Cuánta resistencia les opones? ¿Dónde se repiten los patrones kármicos y con quién?

VISIÓN GENERAL

Si tiene que pasar, ¿por qué no pasa ya?

Con Saturno retrógrado, pueden aflorar sentimientos de ansiedad y puedes sentirte inseguro en tu camino. Observar la situación con cierta distancia te permitirá verla mejor y comprender cómo se desarrolla. Será más habitual que te plantees cuestiones como: «¿De qué sirve todo esto?», «¿Qué significado tiene todo?», y «¿Es suficiente para mí?». Es común vacilar con los detalles, pero seguir arraigado te mantendrá en tu camino divino. La fe desde esta posición te ayudará a dejar que sea el universo quien decida los detalles. ¡Confía en la divina cronología de la presencia de Saturno en tu vida!

IDEA PARA EL DIARIO | ***Plantéate tu propósito***

Qué es lo que deseas conseguir en tu vida? ¿Qué propósito deseas cumplir? ¿Qué es lo que te atrae de forma natural?

CUÍDATE ASÍ | ***Meditación con visualización***

Ponte a pensar en la profesión de tus sueños y en cómo te haría sentir desarrollarla. Escribe una historia imaginándote en el puesto que deseas y piensa cómo te sentirías al conseguirlo. Si te apetece reflejar esta visualización en papel, añade un dibujo o unos recortes al mural de tus deseos. Si dispones de un altar, coloca el mural encima.

PROFESIÓN

No es un trabajo de verdad si no te ocupa de nueve a seis

Saturno retrógrado puede despertar el deseo de romper con los sistemas estructurales y los trabajos opresivos. Mientras que hasta ahora te encontrabas a gusto con tu estilo de vida adaptada al horario laboral de nueve a seis, ahora de repente no te parecería tan mal emprender algo por tu cuenta. Puede que te entren ganas de desafiar las normas de la oficina. Con Saturno retrógrado, reflexiona sobre estos sentimientos e indaga si pretenden colocarte en un camino con propósito.

Si llevas tiempo esforzándote para tirar adelante un proyecto, tal vez empieces a ver fallos o lagunas en tu empresa. En lugar de pretender trabajar más para arreglar estas deficiencias, dedica tiempo a bajar el ritmo y trabajar de forma más inteligente. Puedes procurar ser más metódico y abrirte a vías menos tradicionales para alcanzar tus objetivos.

Es común observar intentos de abusos de autoridad con Saturno retrógrado. Por ejemplo, un colega puede poner a prueba tus límites en el trabajo o minar tu proceso de toma de decisiones. Recuerda que los demás también viven bajo estos tránsitos retrógrados, y también se ven afectados por ellos. Tenlo presente, y abre los ojos ante los abusos de poder que puedan darse en este periodo.

IDEA PARA EL DIARIO | ***Satisfacción***

Si te sientes insatisfecho con el trabajo o con un proyecto, plantéate por qué sigues en un puesto que no te satisface. Investiga y busca otras posibilidades para hacer algo que realmente disfrutes. Seguramente no avanzarás hasta que Saturno transite directo, pero ya puedes empezar a prepararte durante su retrogradación.

Puedes sentir deseos de romper las normas y terminar con trabajos opresivos.

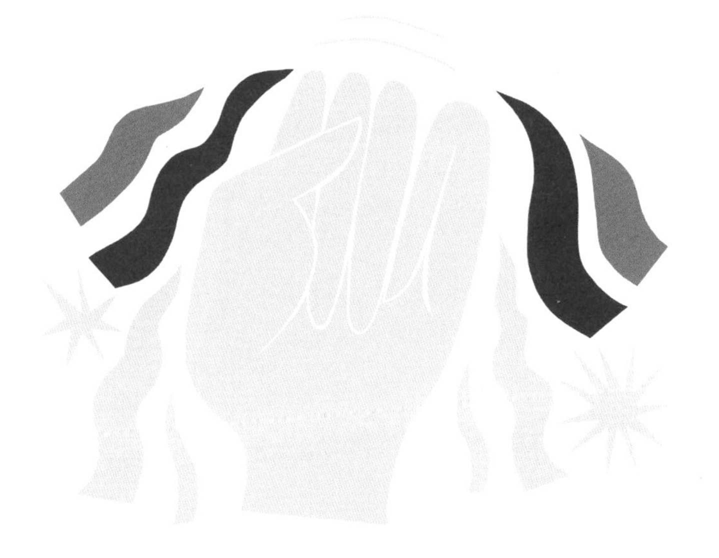

FIGURAS PATERNAS

Ojos que no ven, corazón que no siente

Las figuras paternas de tu vida, además de la presencia del universo, pueden hacer aflorar tensiones no resueltas. El tránsito de Saturno retrógrado puede ser el momento para enderezar estos sentimientos de resentimiento. Contempla las figuras paternas y el universo como tus maestros. Si te presentan dificultades, intenta no jugar al juego de las culpas con acusaciones. Más bien, observa de qué manera la relación te ha moldeado como persona. ¿Cómo interactúas con la energía masculina en tu vida? No todas las lecciones profundas son directas, pero pueden seguir ejerciendo su impacto.

IDEA PARA EL DIARIO | *Carta reflexiva*

Si tú y tu figura paterna tenéis problemas no resueltos, escribe una carta sobre cómo te hace sentir eso. Reflexiona acerca de la forma en que esta relación ha reaparecido en otras dinámicas de tu vida. Si te resulta cómodo, puedes decidir comentar este tema con tu figura paterna dialogando abiertamente: es posible que también él se guarde cosas no dichas. Si vuestra relación no aconseja este enfoque, el simple hecho de escribir en tu diario los sentimientos que surgen te ayudará a liberar estas emociones en forma de palabras y usarlas para tu reflexión. Esta actividad puede ayudarte a volver a darle un padre a tu niño interior y cubrir sus necesidades.

Saturno tiene reputación de deprimente. Procura adquirir una perspectiva amplia para no perder de vista lo que es importante para ti.

SOBREVIVIR A SATURNO RETRÓGRADO

Saturno tiene la mala fama de ser desalentador. No obstante, su tránsito retrógrado puede ofrecerte un descanso de la energía frenética y el ritmo laboral acelerado que puede acompañar el tránsito directo de este planeta. Te pedirá que dediques tiempo a cultivar la paciencia y hacer cosas bien por primera vez. Revisa tus sistemas de creencias personales y reflexiona en lo que la palabra «seguridad» significa para ti. El éxito puede definirse más allá de las ganancias materiales. Tu trabajo puede basarse en las sensaciones de realización que sientes cuando estás alineado con tu propósito vital. Trabaja con más inteligencia, no con más dedicación. Asegúrate de incluir multitud de pausas y descansos para poder seguir en movimiento. Adquiere una perspectiva amplia para no perder de vista lo que es importante para ti.

Urano retrógrado

Urano es «El Gran Despertador» de nuestro sistema solar, y baila al son de su propia música

Urano gobierna el rebelde y revolucionario signo de Acuario, y su tránsito retrógrado ocurre una vez al año durante seis meses. A causa de la lentitud de su movimiento, una generación completa puede vivir con Urano en la misma posición. Cada siete años, Urano cambia de signo astral, lo cual afecta a cada generación. Tu posición de Urano dictará el impacto que vayas a ejercer en el mundo en base al signo astral en que se encuentre. La calidad del signo se asocia con diferentes características y rasgos que tienen efecto en la marca que dejamos en el mundo.

Urano es una energía impredecible, por eso se le asocia con el dios de los cielos en la mitología griega. Su retrógrado es un periodo que incita al cambio, por lo que debemos perseguir algo en lo que creamos. No obstante, nada está garantizado cuando Urano está en retrogradación, por lo que cabe esperar lo inesperado. Pueden surgir retos imprevistos, y puedes verte obligado a pensar rápido. Urano retrógrado es una llamada de atención, el símbolo de la torre del tarot: la muerte del ego que no sabías que necesitarás.

LO INESPERADO

El cambio es malo

Súbitamente, te sientes indeciso sobre tu pareja, carrera profesional, vestuario y cualquier cosa que lleve tiempo estancada. Es hora de reevaluar por qué están allí y si te los llevas contigo al futuro. Urano retrógrado te puede pedir arrancar de raíz tu vida confortable y buscar cosas nuevas. Tal vez se presenten cambios inesperados en el ámbito laboral, tanto si se trata de la pérdida del trabajo como del inicio de un gran proyecto para el que no te encontrabas preparado. Con el fin de aprovechar al máximo esta nueva energía, muéstrate flexible y dispuesto a experimentar.

CUÍDATE ASÍ | *Cuidado corporal*

Protege tu energía y recárgala cuando lo precises. Debes mantener la mente clara y el espíritu fuerte. Recomendamos el hábito de la meditación, un buen descanso y una dieta equilibrada.

CUÍDATE ASÍ | ***Afirmaciones positivas diarias***

Acepta con gusto las cosas que te hacen singular. Si en alguna ocasión te han criticado por algo, ya sea por tu aspecto o por algún hábito raro que tengas, manda amor hacia ese aspecto con afirmaciones positivas diarias como las siguientes:

- Acepto con cariño mis muslos: son fuertes y me mantienen de pie cada día.
- Mi risa es sonora y reparte alegría a los que la oyen.
- Mi interés por los cómics le habla a mi superhéroe interior.
- Todo aquello de mí que es diferente es lo que me hace especial.
- Mis pecas son besos de polvo de estrellas.

CUÍDATE ASÍ | ***Ceremonia de traspaso de poder***

Si hace un tiempo que te sientes estancado personalmente y no has crecido como desearías, escribe una carta a la «antigua versión» de ti mismo. Luego, escribe una carta a tu «yo futuro», la persona que intentas llegar a ser. Reúne unas cuantas fotos tuyas del periodo en que empezaste a sentirte estancado y repártelas a tu alrededor. Invita a un buen amigo o familiar para que te vea soltar esta versión de tu yo. Lee la carta a tu «antigua versión» en voz alta o a tu confidente, a modo de reconocimiento y despedida. A continuación, lee la carta a tu yo futuro, a modo de compromiso.

CRECIMIENTO

No temas rebelarte contra la norma

Urano retrógrado te hará sentir incómodo para ayudarte a crecer. No debe sorprenderte que tus viejas costumbres de repente te parezcan constrictivas. Te darás cuenta de que quieres ponerlo todo y a todos a prueba si te parecen demasiado tradicionales o se conforman con demasiada rapidez con las expectativas de la sociedad. Quizá te conviertas es un «rebelde sin causa» y quizá te opongas a las personas con poder impulsado por tu nueva actitud desafiante. Recuerda que es bueno cuestionar los límites para descubrir nuevas maneras de ser, ya que la experimentación conduce a la expansión. Desearás más espacio y libertad, cosa que te hará más seguro de ti mismo y menos dependiente.

IDEA PARA EL DIARIO | ***Provocar el cambio***

- ¿Qué es lo que te importa? ¿Qué mueve el cambio para ti? Al imaginar un mundo perfecto, ¿cómo cuida de la humanidad? ¿Qué ideales son vigentes en esa estructura?
- Elabora una lista de las cosas que siempre hayas querido experimentar pero el miedo te frenaba. Intenta llevar a cabo las más pequeñas y tangibles de la lista durante el tránsito retrógrado de Urano para ayudarte a enfrentarte a tus miedos y percepciones.

JUSTICIA SOCIAL

Despertar colectivo

La retrogradación de Urano trae consigo el cambio colectivo a través de movimientos sociales y lucha por los derechos humanos. Lo hemos visto en el pasado con movimientos por los derechos civiles, el movimiento LGTBI y la revolución 2020. Es un periodo en que la conciencia colectiva despierta y las ilusiones se hacen añicos. Ya no solo se trata de las propias necesidades y deseos, sino también de procurar por el bienestar colectivo. Queda claro que las necesidades del grupo son importantes para todos los individuos, y es hora de modificar conciencias, estructuras y sistemas de creencias.

IDEA PARA EL DIARIO | ***Identifica cuál es tu rol***

Sé un agente del cambio según cómo te veas: ¿líder, seguidor, sanador, trabajador de primera línea, activista social, artista, protector, educador? Identifica tus puntos fuertes y débiles, y disponte a trabajar en el campo o movimiento que te llame. Empieza estudiando organizaciones y movimientos políticos locales con los que te gustaría colaborar. Alinéate con el propósito de tu alma para ver con claridad tu postura ante los problemas colectivos.

CUÍDATE ASÍ | ***Despierta tu voz***

Prueba el trabajo de activación del chacra de la garganta de las páginas 22 y 43. Encuentra espacios para compartir tus pensamientos y experiencias.

Urano retrógrado te pide que pienses con qué limitaciones necesitas romper, y te guía por un camino imprevisto.

SOBREVIVIR A URANO RETRÓGRADO

Como un despertador que suena, Urano retrógrado te hará saltar inesperadamente para volver a la realidad y recuperar tu alineamiento. Te recuerda que, porque algo sea cómodo y fácil, no significa que sea adecuado, y te guía por un camino inesperado que te permite sanar y crecer, tanto en lo personal como en lo colectivo. Urano retrógrado te pide que reflexiones acerca de las limitaciones que sientes y los sistemas de creencias que ya no te sirven. Se someterán a examen los mecanismos de supervivencia adquiridos para que te liberes y reconozcas tu poder.

Neptuno retrógrado

A veces solo necesitamos un despertar, y eso es lo que propicia el tránsito retrógrado de Neptuno

Neptuno es el planeta de la espiritualidad y los sueños, y es el más distante en nuestro sistema solar. Fue bautizado con el nombre del dios romano del agua y el mar debido a su aspecto azulado y superficie acuosa, por lo mismo que se le asoció con el signo de Piscis. Neptuno entra en retrogradación una vez al año y su tránsito retrógrado dura medio año. Si has notado el impulso de retomar una afición creativa, ahora es el momento de explorarlo. Neptuno, además, representa cómo encontramos la ilusión y el engaño. Al quitarnos las gafas con cristales de color rosa, comprendemos dónde están los ángulos ciegos. Esto puede significar entrar en contacto con la realidad. Nos vemos obligados a admitir que nos hemos estado engañando, y ver si los demás han intentado confundirnos. Apartar este velo aviva nuestras capacidades psíquicas y los mensajes en sueños. Presta atención a todas estas señales: en tu vida no todo es lo que parece.

INTUICIÓN

Tu intuición intenta decirte algo

Si has sospechado de tu pareja, o has sentido la corazonada de que un amigo no te dice toda la verdad, ¡cree en esta sensación! Tu intuición intenta decirte que estés atento. Si tus sueños se materializan en la vida real, es porque tus sentidos psíquicos son más poderosos mientras duermes. Es posible que te notes especialmente sensible a la energía de los demás, y podría ser difícil distinguir qué emociones te pertenecen a ti. La intuición no cesará de funcionar, y las ensoñaciones con múltiples realidades son comunes. Puede serte útil abrirte a estas capacidades para utilizarlas cuando finalice el tránsito retrógrado de Neptuno.

IDEA PARA EL DIARIO | ***Señales del universo***

Intenta recoger en un diario las señales que recibas del universo. Con Neptuno retrógrado, puede que captes más mensajes de tus ángeles de la guarda de lo habitual. Averigua el significado de los símbolos animales y la interpretación de los números que se te aparezcan, y documéntalos para consultar las referencias en el futuro.

CUÍDATE ASÍ | ***Activa tu intuición***

Explora una actividad artística que hayas abandonado con los años, como la pintura, la danza, la fotografía, etcétera.

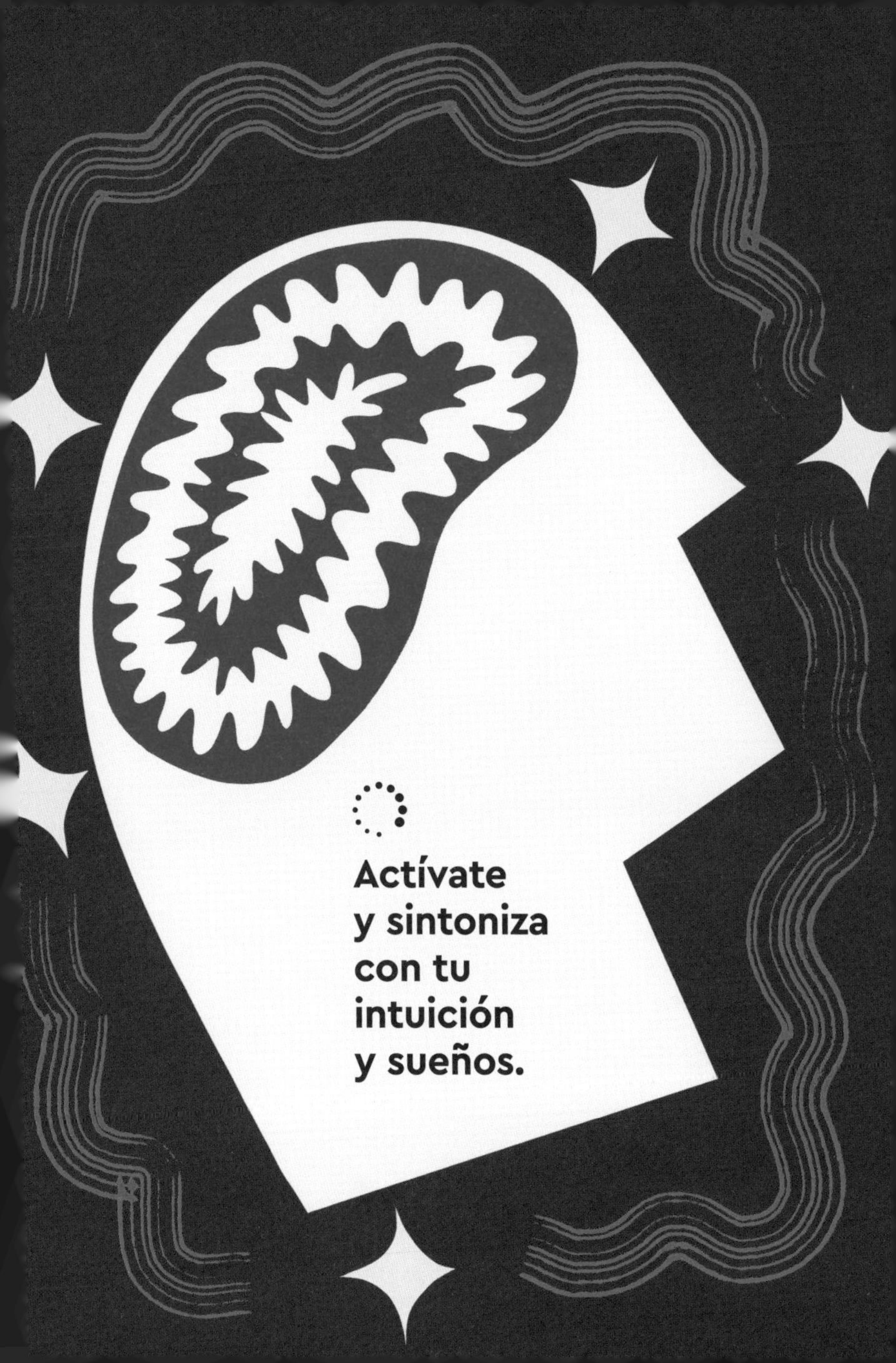
Actívate
y sintoniza
con tu
intuición
y sueños.

LUZ DE GAS

Presta atención a lo que es real

Se proyectará un foco de luz sobre todo aquello que no sea auténtico cuando Neptuno se encuentre en retrogradación, incluidas las fantasías que te hayas creado en tu vida. Sentirás una mayor necesidad de llegar al fondo para averiguar qué es real y qué no lo es. Tal vez detectes más luz de gas y engaños a tu alrededor a nivel personal y global. Puede resultar complicado obtener una respuesta directa de alguien durante Neptuno retrógrado. Las personas se comunicarán de forma más abstracta durante este periodo. Es posible que debas esperar al final de la retrogradación para sacar cosas en claro.

CUÍDATE ASÍ | ***Trabajo con los sueños***

Nuestros sueños típicamente se clasifican en cuatro categorías:

- ***Sueños sanadores –*** Nos ayudan a superar una situación.
- ***Sueños de comunicación del alma –*** Conversaciones que no se están produciendo en la vida real.
- ***Sueños proféticos –*** En los que vemos situaciones que luego ocurren en la vida real.
- ***Sueños de viaje astral cuántico –*** Donde soñamos con diferentes ubicaciones del reino del alma, pero notamos como si nuestro cuerpo estuviera realmente allí.

Es importante que, al despertar de un sueño, anotes inmediatamente lo que has soñado. De este modo, entrenarás al cerebro para recordar los sueños.

CUÍDATE ASÍ | ***Viajes de dimensión astral***

Imagina que te hallas en otro espacio físico. Imagina las personas, conversaciones y lo que haces allí. Intenta hacerlo antes de acostarte, y hazlo de nuevo en cuanto te despiertes. Estás conectando con tu subconsciente, eliminando las barreras de tu mente consciente. Esto te trasladará al espacio expansivo de tu intuición y múltiples yos conscientes. Explora este espacio y diviértete.

Sé consciente del efecto luz de gas y mantente en lo real.

ESCAPISMO

La realidad no es nada divertida

Neptuno retrógrado puede hacer que desees escapar de la realidad más de lo habitual. A medida que la verdad se hace más aparente, es posible que te inclines al consumo de más sustancias o a aquello que cambie tu estado. Si lo haces, fija tus intenciones de antemano para comprender qué buscas. Presta atención a los mensajes que recibas. Asegúrate de que esta inclinación no te conduzca a evitar la realidad por completo; en su lugar, aprovéchala para descubrir respuestas, de manera que, cuando recuperes tu estado normal, puedas implementar las lecciones recibidas.

IDEA PARA EL DIARIO | ***Recibe un mensaje***

Siéntate y medita para alcanzar un estado de calma. Concéntrate para abrirte a la recepción de mensajes de tus ángeles de la guarda. Saca una carta de una baraja del oráculo o el tarot para saber qué tipo de sabiduría te llegará para guiarte. Anota la carta en tu diario, junto con lo que capte tu intuición sobre la carta en relación con tu vida.

CUÍDATE ASÍ	***Cristales para la intuición y el arraigo***

Para activar las capacidades intuitivas y psíquicas:

- ***Piedra luna*** – Activa la intuición.
- ***Moldavita*** – Abre los chacras.
- ***Amatista*** – Ayuda a canalizar la sabiduría ancestral.
- ***Sodalita*** – Ayuda a ser objetivo con los procesos internos.

Para el arraigo:

- ***Labradorita*** – Ayuda con el arraigo espiritual y protege el aura.
- ***Hematites*** – Ayuda a mantenerse arraigado.
- ***Cuarzo ahumado*** – Arraiga el chacra de la corona.
- ***Turmalina negra*** – Limpiar la energía negativa estancada.

Mantente arraigado y aprovecha tu intuición. Obtén paz interior cultivando tus intereses creativos.

SOBREVIVIR A NEPTUNO RETRÓGRADO

En lugar de escapar de ti mismo, acepta tu intuición. Enfréntate a las verdades para que no te controlen. Deja que te enseñen las lecciones que tienen para compartir. Es crucial permanecer arraigado durante este periodo y fortalecer las capacidades intuitivas. Deja de perseguir situaciones o personas que te han decepcionado o engañado continuamente. Retoma aficiones creativas y artísticas que permitan que fluya tu energía y te aporten paz interior. Tal vez redescubras un sueño: persíguelo cuando Neptuno vuelva a transitar directo. Neptuno retrógrado te indica que es momento de empezar a actuar desde tus verdades más elevadas.

Retorno de Saturno

Cabe esperar tres retornos de Saturno a lo largo de la vida:

1: 27-30 años de edad
2: 57-60 años de edad
3: 82-86 años de edad

Retorno de Saturno

Si, alrededor de los 28 años de edad, te sientes deprimido, como si una sombría crisis existencial te sacudiera cual tsunami, removiendo cualquier forma de normalidad de tu vida, entonces es que experimentas un retorno de Saturno. Pero no todo es malo; de hecho, puedes considerarlo un ritual de paso. Saturno nos administra disciplina, controla la energía kármica, y es el planeta encargado del tiempo en el sistema solar. Como padre de Júpiter en la mitología romana, Saturno está conectado con nuestra energía paterna. Es el regente de Capricornio en astrología occidental, y su influencia sobre ti depende del signo en que estuviera cuando naciste.

Cuando la energía de Saturno está presente, provoca un enorme baño de realidad, pero para poder vivir una vida mejor. Saturno es de movimiento lento: tarda 29,5 años en completar su órbita. Durante tres años, permanecerá en el mismo signo zodiacal donde estaba cuando naciste. Esto es el equivalente a tu campo de entrenamiento astrológico, y puede traer algunos de los años más duros de tu vida. Tu primer retorno de Saturno se produce hacia los veintimuchos, el segundo hacia el final de los cincuenta y pico, y el tercero a los ochenta y tantos. El primero es una iniciación a la edad adulta; el segundo representa lo que se da en llamar una crisis de mediana edad; y el tercero es el reflejo de la riqueza de conocimientos que uno ha conseguido en su vida. La energía de Saturno trata del legado, por lo que sus retornos evaluarán la marca que dejarás en el mundo cuando desaparezcas de él. Esto, por supuesto, variará en función de la longevidad de cada persona, pero en general cabe esperar vivir tres retornos de Saturno.

Primer retorno de Saturno: hora de crecer

Edades 27-30

Hacia el final de los veintimuchos, la energía juvenil va en descenso, y se acaba aquello de «cuando sea mayor». Al fin y al cabo, ¡los 30 están a la vuelta de la esquina! La trayectoria vital que creías emprender empieza a parecer cuestionable. Si hasta ahora has pasado de un trabajo mediocre a otro o has mantenido una relación que es insatisfactoria (si bien cómoda), es posible que todo se derrumbe con tu primer retorno de Saturno. Quizá dejes el trabajo o te despidan, o te divorcies o te traslades a otro extremo del país. No aceptar este despertar brutal dificultará todavía más las lecciones del karma. Mantener tu manera de trabajar las relaciones y seguir con un trabajo solo para poder pagar las facturas no va a funcionar. Como tampoco arreglarán nada las caras copas del sábado noche ni el costoso almuerzo de restaurante del domingo. Este estilo de vida no solo no funciona, sino que ya no te llena y empiezas a preguntarte cuál es tu propósito.

Saturno es el padre de todos nosotros, y ahora mismo te está poniendo a prueba. Las pruebas que te presenta son duras, ¡pero te hacen más fuerte! Descubres actividades nuevas o recuperas aficiones que no practicabas desde la infancia. Dan nueva vida a tu alma, pero no habrías salido en su busca si el universo no te hubiera sacudido. Nuestra relación con las figuras paternas nos ayuda a sentar las bases del tipo de energía masculina que personificamos y las parejas que atraemos. Te haces las preguntas correctas, y estás cambiando tus sistemas de creencias, de modo que, aunque las circunstancias no hayan cambiado, tu perspectiva sí lo ha hecho. Sí, has conseguido un nuevo nivel de profundidad y crecimiento, ¡y te sienta fenomenal!

IDEA PARA EL DIARIO | ***Dinero y propósito***

Repasa tus sistemas de creencias en relación con el dinero: ¿cómo te hace sentir, y cómo crees que deberías recibir dinero? ¿Piensas que puedes ganar dinero y mantenerte económicamente haciendo lo que te gusta? ¿Qué «deberías» surgen? ¿Qué «no puedes» surgen? Se trata de sistemas de creencias y miedos limitantes que te impiden ver toda la abundancia que hay en tu vida. Mantente abierto a ellos, compréndelos y trabaja para deshacerte de ellos.

En tus sueños, ¿qué trabajo desarrollarías para sentir que contribuyes a la sociedad? ¿Qué querías hacer de pequeño, antes de que aparecieran las preocupaciones económicas? ¿Cómo puedes ganar dinero haciendo lo que te apasiona? ¿Implica volver a estudiar, conseguir un mentor, aprender habilidades empresariales, encontrar una comunidad?

CUÍDATE ASÍ | ***Meditación para el chacra de la raíz***

Una meditación para el chacra de la raíz puede ayudarte a sentirte arraigado y seguro durante este periodo de incertidumbre. Siéntate, prestando atención a la zona pélvica, donde se ubica el chacra de la raíz. Envía amor y cariño hacia este chacra que se encuentra en un momento de apertura y en busca de nuevas formas de apoyarte. Sujeta un cristal en la mano, de jaspe o cuarzo ahumado, para facilitar cambios en tus sistemas de creencias mientras meditas.

SOBREVIVIR AL PRIMER RETORNO DE SATURNO

Es posible que te parezca que tu mundo se derrumba con el primer retorno de Saturno, pero no temas, y mantén la vista puesta en el premio. Sigue los caminos que te llamen. Empieza a poner en práctica hábitos saludables ahora para no arrepentirte más adelante. Crear una rutina de ejercicio físico y actualizar tu dieta te ayudará a cuidarte a largo plazo. Las relaciones construidas sobre fachadas pueden terminar durante un retorno de Saturno; es un momento que te exigirá recuperar tu autonomía. Saturno no pretende presionarte: ¡intenta que recuperes el equilibrio y sigas tu camino!

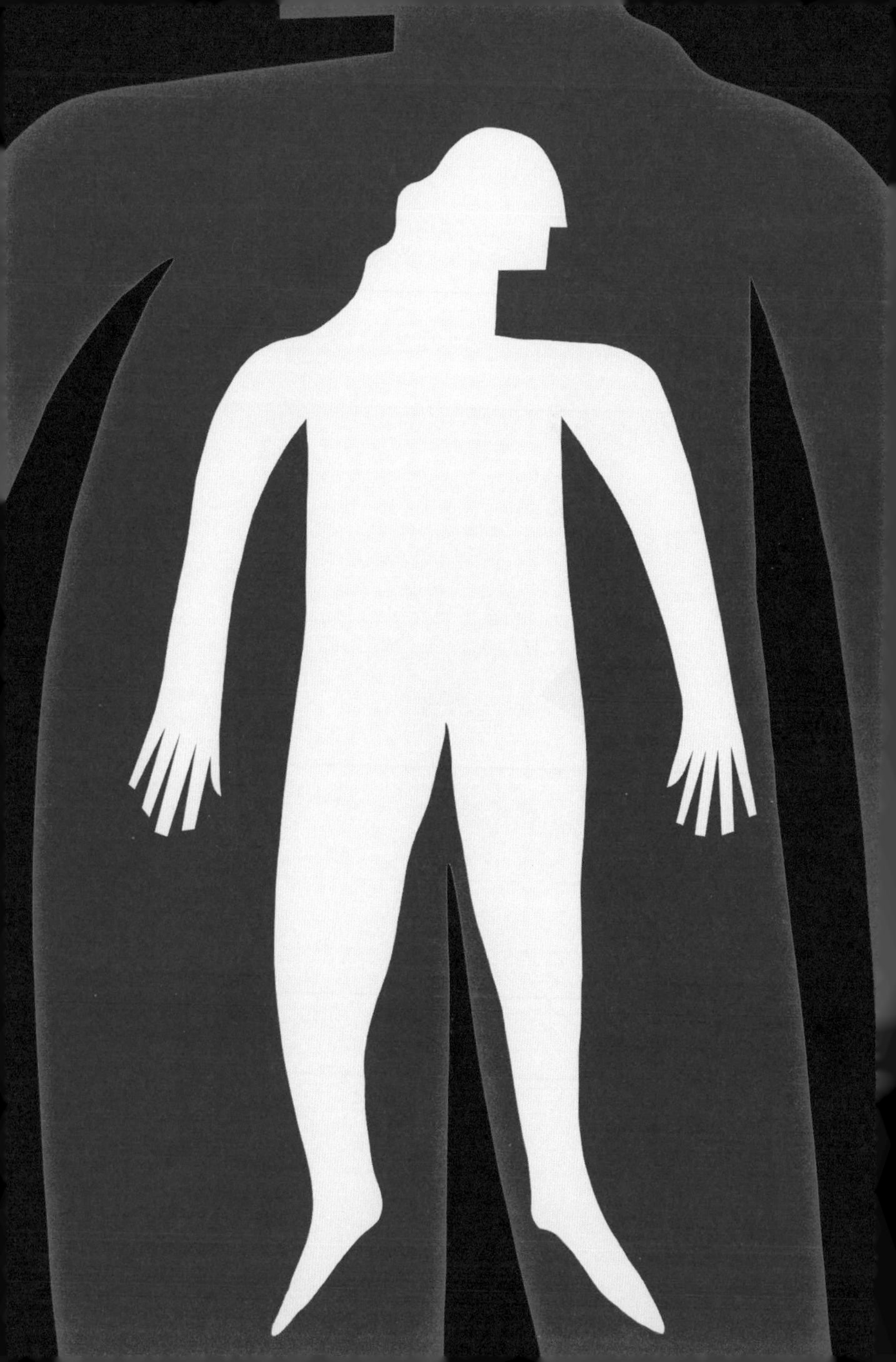

Segundo retorno de Saturno: toma de conciencia de tu mortalidad

Edades 57-60

La belleza del segundo retorno de Saturno es que ya no te debates internamente por saber quién eres. Posees una mayor conciencia de ti mismo ahora que a los veintitantos. Esta es tu oportunidad para reflexionar sobre lo que has hecho con la primera mitad de tu vida: decisiones que te enorgullecen y otras que desearías reescribir. Si tuviste un hijo a los 27 años, ahora estará viviendo su primer retorno de Saturno mientras tú vivirás el segundo. Es una gran manera de reflexionar y ver el crecimiento que puede surgir de aquella dinámica. Durante el segundo retorno de Saturno, tal vez sientas que te encuentras en un cruce de caminos vital. ¿Qué decisiones fueron acertadas en su momento pero ahora ya no te sirven y hay que cambiarlas? ¿Qué espacios nuevos deseas descubrir para redefinir tu propósito? Con Saturno gobernando tu energía kármica, es posible que se presenten retos con el segundo retorno de Saturno que se parezcan a los que experimentaste en su primer retorno.

Con el segundo retorno de Saturno, se te pedirá que seas amo de tu vida. Eres más consciente que nunca de tu mortalidad. Tus hijos tal vez se marchen de casa, quizá te retires, y, por primera vez en mucho tiempo, ahora dispones de más energía para ti. Deberás poner límites a quienes han agotado tu energía en el pasado. El segundo retorno de Saturno es como un regreso a casa, a ti mismo, a tus propios deseos. Ahora es el momento de perseguir lo que siempre has querido y de disfrutar de la vida que has creado para ti.

IDEA PARA EL DIARIO | ***Reflexión***

Reflexiona sobre tu primer retorno de Saturno, cuando tenías 27-30 años. ¿En qué momento vital te encontrabas? ¿Tenías pareja? ¿Iniciaste una nueva carrera profesional? Piensa de qué manera las experiencias de aquel momento se reflejan en tu vida ahora que entras en el segundo retorno de Saturno. ¿Qué lecciones del karma han concluido, y qué sistemas de creencias ya no te sirven y debes desechar?

SOBREVIVIR AL SEGUNDO RETORNO DE SATURNO

Durante este nuevo periodo energético es aconsejable explorar las aficiones o los intereses que siempre has ido aplazando porque había otras prioridades. Apúntate de voluntario en tu organización favorita; retoma la jardinería; atrévete con las clases de pintura que siempre te han atraído. Hay quien siente el impulso de viajar y conocer otros lugares. Es el momento de comprar los billetes para aquel viaje. Muchas personas vuelven a estudiar durante el segundo retorno de Saturno, o inician aventuras empresariales que habían dejado aparcadas. Tal vez sientas la necesidad de renovar tu imagen: atrévete con el corte de pelo que siempre quisiste, o actualiza el armario para que sea digno reflejo de tu personalidad a día de hoy. Ya no se trata de los demás: este es tu momento. Astrológicamente, *¡llegaste!*

Tercer retorno de Saturno: retrospectiva de tu vida

Edades 82-86

Si tienes la suerte de llegar al tercer retorno de Saturno, verdaderamente te has convertido en un anciano sabio. Te encuentras más cerca de formar parte del reino más elevado que de estar plenamente presente en este mundo. Has alcanzado la cima de tu experiencia y perspectiva vital, ¡disfruta de la sabiduría! Saturno visita por tercera vez tu carta astral y te permite reflexionar sobre la belleza del tiempo y la forma en que has compartido el tuyo con los demás. El legado en que has trabajado diligentemente ahora está listo para que lo continúen tus sucesores.

Saturno, el Padre Tiempo, te recuerda que la vida en la Tierra es limitada, pero lo que importa es la presencia que tenemos mientras estamos aquí. Los retos que ahora se te presentarán son físicos y mentales. A medida que tu cuerpo cambia, confiarás más en tu yo mental y espiritual. Tus seres queridos pueden empezar a fallecer, y tu comunicación con el más allá puede irse reforzando. El reconocimiento del valor de las pequeñas cosas de la vida aumentará a medida que puedas disfrutarlas sin prisa. Este es un buen momento para la reflexión, pero también para disfrutar de la evolución de la que todavía formas parte.

CUÍDATE ASÍ | ***Descansa y libérate***

Ahora es momento de cuidarte, descansar y darte tregua. Si te has mantenido bien físicamente, este puede seguir siendo un periodo energético. Recuerda que tu única limitación está en tu cabeza (cosa que seguro ya sabrás, dada la sabiduría que acumulas). Reflexionar en profundidad sobre lo que has conseguido formará parte esencial del tercer retorno de Saturno. Desecha los arrepentimientos por cosas que ocurrieron en el pasado. Ofrece palabras de ánimo a tu familia para que ciertos ciclos no deban repetirse. Usa tus sueños para viajar con tu avión astral y explorar. Expresa gratitud al universo por todas las pruebas que te ha ofrecido, porque con ellas tu vida ha sido bella para ti y para tus seres queridos.

Tránsito de Plutón

Plutón se relaciona con la transformación: finaliza un mundo e iniciamos una nueva vida.

Tránsito de Plutón

Tanto a nivel global como personal, es posible que estos últimos años hayan sido todo agitación y discordia. Hemos sido testigos del aumento de presión sobre grupos marginados y la lucha contra los poderes tiránicos de nuestros sistemas ha llegado a su punto crítico. Esto se debe a que Plutón, el planeta de la muerte y el renacimiento, estaba en Capricornio (desde 2008 hasta 2024). Ha expuesto las verdaderas intenciones y los aspectos oscuros de nuestros sistemas estructurales y sociedad.

Con la influencia de Saturno en Acuario hacia el final de Plutón en Capricornio, veremos el desmantelamiento y la reevaluación de estos sistemas. El tránsito de Plutón acabará con la ilusión y luego traerá cambios rápidos. Puede ser un proceso doloroso, pero siempre es para mejor. Con Capricornio supervisando las estructuras gubernamentales y Plutón en esta posición, observaremos un cambio de poder a nivel mundial.

Históricamente, la última vez que Plutón transitó por Capricornio, tuvieron lugar la revolución americana, la revolución francesa y la revolución industrial. Eso demuestra la intensidad y el impacto de los tiempos que estamos viviendo ahora. Nos encontramos en una etapa transitoria turbulenta, pero ya hemos pasado por otras antes y hay luz al final del túnel. Se trata de un avance que llevamos construyendo desde 2008. Cuando concluya, nos hallaremos frente a una nueva era. Muchas de nuestras estructuras capitalistas caducas se verán modificadas para alinearse mejor con los valores de los nuevos tiempos. Del mismo modo, con Escorpión, que gobernado por Plutón monitoriza las sombras de las finanzas, contemplaremos la reestructuración de nuestra economía. Plutón conlleva transformación; llegamos al final del mundo que conocemos para iniciar una nueva era. Con el objeto de evitar la extinción, los humanos deberemos realizar grandes cambios. Esta necesidad de cambio brinda la oportunidad de conseguir la igualdad, la renovación y la eliminación de la codicia y la pobreza. Tal vez resulte doloroso, pero hemos superado el tránsito de Plutón en Capricornio en otras ocasiones y lo lograremos de nuevo.

Al final de este caos y destrucción hay un mundo mejor, de ascensión y despertar espiritual para todos. Con la influencia de Saturno en Acuario, veremos la expansión de la tecnología y el crecimiento de la necesidad colectiva de espiritualidad. El clima del planeta necesita desesperadamente que la tecnología sirva a la Tierra, por lo que seremos testigos de avances basados en métodos sostenibles. Habrá una mayor aceptación para todos y para otras prácticas religiosas y espirituales. Sanar nos permite coexistir y ser compasivos con los demás. Esta exposición conduce a la verdad que nos hemos resistido a reconocer, y puede permitir una sanación colectiva global.

CUÍDATE ASÍ

El cambio inspira la acción: encuentra tu rol en el ecosistema de cambio social

En el centro de la misión colectiva global se encuentran la igualdad, justicia, inclusión, liberación, solidaridad, resistencia e interdependencia. Hay papeles para sanadores, artistas, narradores, constructores de puentes, reaccionarios de primera línea, cuidadores, disruptores, visionarios y edificadores.

Al definir tu rol, es importante tomarte el tiempo para sanar y permitir que afloren tus pasiones naturales. Utiliza tu voz de la forma más auténtica. No te sientas culpable si tu enfoque es diferente al de otros. Fuérzate a desempeñar el papel adecuado y actúa.

CUÍDATE ASÍ | ***¡Explora tu despertar espiritual!***

Si te interesa alguna práctica espiritual o religiosa, ahora es el momento para desarrollarla. ¿Has explorado tu propio trauma ancestral? ¿Has aprendido nuevos métodos para curar heridas del pasado? ¿Cómo deseas cambiar para actuar a partir de ahora? ¿Qué significa para ti «poder superior»? Todas estas son preguntas que debes formularte con tu despertar espiritual. Recuerda que el despertar espiritual es un proceso que dura toda la vida: siempre estarás en evolución. Mantente curioso y abierto a la exploración de tus creencias.

SOBREVIVIR AL TRÁNSITO DE PLUTÓN

Fórmate, sana a tu niño interior, trabaja tus sombras y busca la sanación ancestral. Ilusiónate con el mundo en que deseas vivir y pregúntate: ¿Qué aspecto tiene? No dejes que te limiten sus sistemas de creencias. Permite que tu visión vea lo que no se ve. Este tránsito de Plutón es tu oportunidad para soñar a lo grande.

Eclipses

Presta atención a lo que se revela entre un eclipse lunar y un eclipse solar, y puede que veas que tu mundo cambia de manera inesperada

Eclipses

¿Te has preguntado por qué se da tanta importancia a los eclipses? No solo son bonitos de observar, sino que, además, aportan un potente significado espiritual a nuestras vidas. Se suelen atribuir a los eclipses historias mitológicas siniestras para explicar la desaparición del Sol y la Luna durante un eclipse: los antiguos griegos los consideraban castigos de los dioses; las civilizaciones mayas creían que los espíritus de las sombras se comían el Sol y la Luna durante un eclipse; y, según la antigua mitología india, el semidiós Rahu se comía el Sol y la Luna para vengarse del dios Vishnu. Aunque los eclipses ahora tienen explicación científica al comprender la órbita lunar, siguen provocando en nosotros comportamientos singulares.

Los eclipses suceden entre cuatro y seis veces al año, y traen cambios muy necesarios. Ocurren en pares, de modo que, cuando hay un eclipse lunar, cabe esperar un eclipse solar al poco tiempo. Es fundamental prestar atención a lo que ocurre entre un eclipse lunar y uno solar. Hay que estar preparado para recibir las señales que estabas esperando, y ver cambiar el mundo de formas inesperadas.

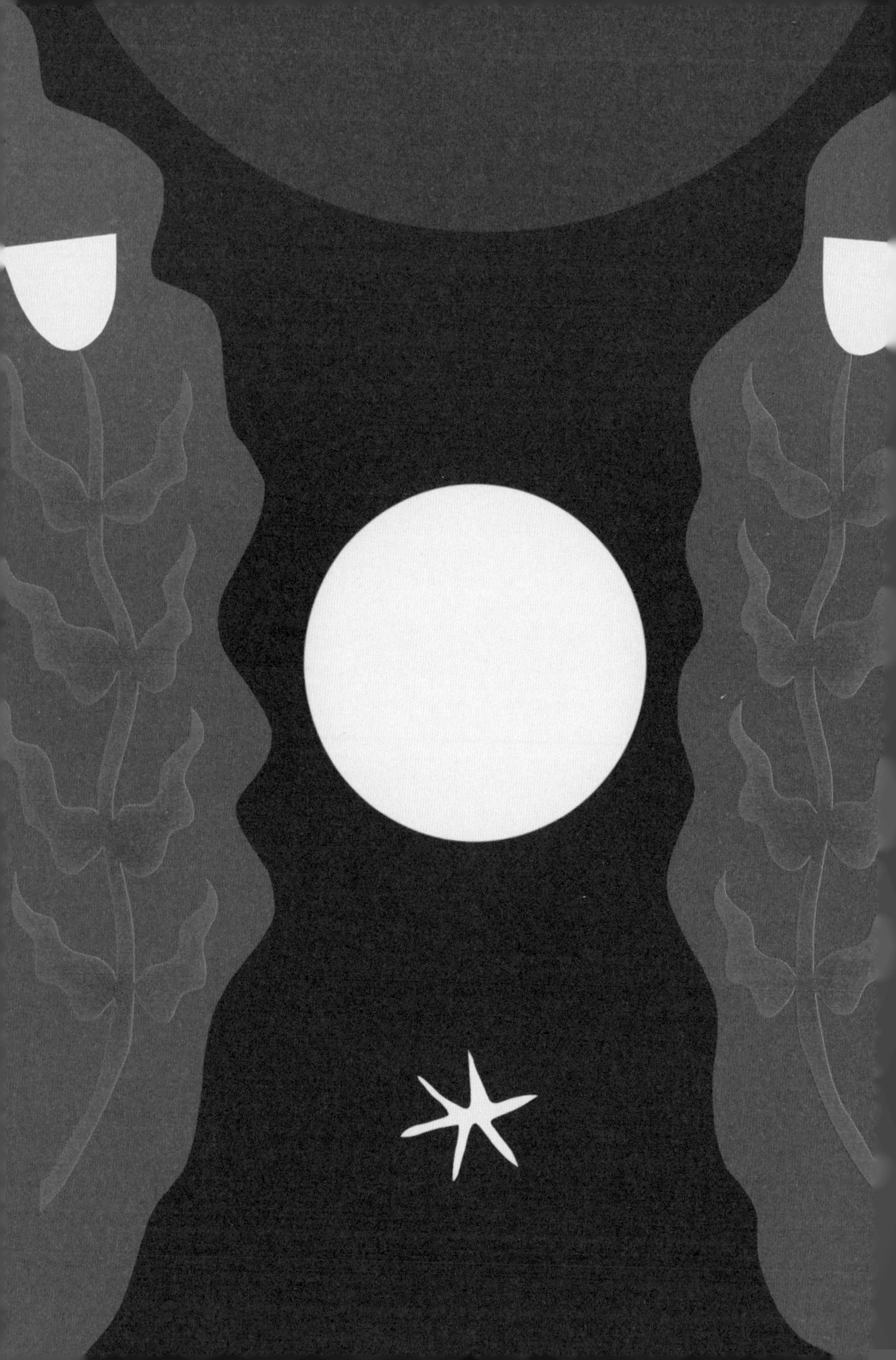

Eclipse lunar

Ver lo que no se ve

Se ha abierto un portal universal. Un portal universal es energía intensificada: un momento en que el destino puede alinearse con mayor rapidez. Los efectos de un eclipse lunar pueden notarse durante los tres meses posteriores, por lo que hay que estar listo para los baches. Los eclipses de Luna se producen durante una fase de luna llena cuando la Luna entra en la sombra de la Tierra. Un eclipse lunar puede estar marcado por la tragedia, personal o colectiva, pero también sirve para descubrir lo inconsciente para que podamos vivir de manera más consciente. Nuestras sombras y traumas se iluminan y piden ser atendidos. Nos centramos en soltar, pasar página y poner fin a lo que ya no nos sirve. Cabe esperar emociones profundas y grandes avances. Experimentarás muchos momentos de inspiración que te permitirán dar pasos hacia delante cambiando cosas. Veremos oportunidades de crecimiento en todos los aspectos de nuestras vidas. Los eclipses de Luna nos ayudan a rechazar que nos juzguemos y a aceptar que nos descubramos.

IDEA PARA EL DIARIO | *Liberación de energía*

Anota los pensamientos que te preocupen y que deseas comprender. Confecciona una lista con las personas o situaciones que no sirvan para tu bien superior. Una vez escrita, pide al universo que te ayude a librarte de la energía de estas personas, pensamientos y situaciones.

CUÍDATE ASÍ | *Meditación con atado de hierbas*

Para esta meditación, necesitarás un atado de hierbas para quemar y la lista descrita en la página siguiente. Siéntate en un lugar tranquilo y confortable. Respira hondo unas cuantas veces con los ojos cerrados, expandiendo el diafragma. Quema el atado de hierbas y, mientras produce humo, muévelo en círculos por encima de tu cabeza, sobre los hombros y delante del estómago. Esto ayuda a limpiar la energía que te rodea para que puedas concentrarte en tus intenciones. Medita sobre esta liberación de energía a partir de la lista que has elaborado y expresa gratitud por lo que has aprendido. Reflexiona acerca de las lecciones que se han presentado y cómo vas a poder avanzar desde una posición más fuerte gracias a estas enseñanzas.

CUÍDATE ASÍ | ***Baño limpiador con agua de luna***

Necesitarás:

- un vaso de agua (para cargarla con la energía de la Luna)
- velas
- lavanda seca (para relajar)
- leche de coco (el coco es una buena ofrenda para las diosas lunares)
- aceite esencial de bergamota (para atraer prosperidad)
- aceite esencial de incienso (para crear armonía interior)
- aceite esencial de lavanda (para crear calma)
- sal de Epsom (para la descompresión muscular)
- una pieza de piedra luna (para conectar con la energía lunar)

La noche antes de un eclipse lunar, coloca un vaso de agua en el exterior para que se cargue de energía lunar.

La noche del eclipse, prepara un baño de agua caliente y enciende unas velas para crear un ambiente relajante.

Añade el agua de luna al agua del baño, e incorpora también la lavanda, la leche de coco, los aceites esenciales y la sal de Epsom. (Conservarás la piedra luna para usarla más adelante).

Mientras tomas el baño, concéntrate en lo que te gustaría soltar durante esta fase de luna llena, y en cómo querrías limpiar tu vida y tu energía. Tal vez te plantees superar límites emocionales, desprenderte de una situación dolorosa o liberarte de patrones emocionales o físicos adictivos.

Cuando salgas del baño, deja la piedra luna en el interior de la funda de tu almohada y duerme bien. La mañana siguiente, documenta los mensajes o sueños recibidos en tu diario. Esta información puede constituir una buena guía procedente de tu equipo espiritual, formado por tus ángeles de la guarda y guías.

Eclipse solar

Disfruta de la gloria de lo desconocido

La magia de un eclipse solar es tan potente porque comparte un portal universal con un eclipse lunar. Los eclipses solares ocurren cuando la Luna temporalmente bloquea al Sol, y se producen en las fases lunares de luna nueva. El Sol es pura energía de fuego y es el centro de creación de nuestro sistema solar. Cuando se produce un eclipse solar, se amplifican las intenciones de la luna nueva. Es momento de dar la bienvenida a nuevos viajes y comienzos. La potente energía del eclipse lunar es la iniciación de todos los beneficios que ofrece el eclipse solar. Estos tránsitos pueden mostrarte un nuevo horizonte expansivo de oportunidades más allá de lo que ves y conoces. Cuidado con lo que deseas: puede que lo obtengas. Tal vez te sientas fuera de control, fatigado o sensible, porque el universo te empuja más de lo habitual para alinearte. El eclipse solar puede quitarte lo familiar con el fin de iluminar el camino menos transitado. Ahora es el momento de lanzarte y confiar en los cambios espirituales.

IDEA PARA EL DIARIO | ***Intenciones para el nuevo ciclo***

Anota tus intenciones para este nuevo ciclo de tu vida. ¿Qué deseas para poder avanzar? No hace falta que seas particularmente específico acerca de *qué* deseas atraer: en lugar de ello, céntrate en *cómo te sentirías*. Cuando atraes algo con éxito, *te sientes* como deseabas, aunque puede no ser *lo que* imaginabas. Pregúntate qué puedes hacer para prepararte para estas dichas cuando lleguen.

CUÍDATE ASÍ | ***Ritual de meditación solar***

Necesitarás:

- una manta y una almohada
- una pieza de selenita
- una pieza de cuarzo rosa
- tu diario y un bolígrafo

Busca un lugar en la naturaleza donde puedas llevar a cabo esta meditación: sirve la hierba de un parque o patio. Necesitarás luz solar directa para el ritual. Extiende la manta y dispón la almohada para tumbarte cómodamente.

Acuéstate al Sol. Pon la selenita sobre tu chacra del tercer ojo (entre las cejas) y el cuarzo rosa sobre el chacra del corazón (directamente sobre el corazón). La selenita ayuda a alinear la energía de los chacras, y el cuarzo rosa está conectado con tu corazón, gobernado por el Sol.

Cierra los ojos, inhala profundamente por la nariz y exhala por la boca. Respira a tu ritmo, centrándote en fijar tus intenciones para energía de la luna nueva. Estas intenciones pueden incluir: reunir la valentía para un nuevo comienzo; aceptar el cambio; correr un riesgo; exponerte, o hacer una gran revelación.

Cuando acabes de fijar tus intenciones, anótalas en tu diario, además de lo que se te ocurriera al tumbarte y exponerte a la energía del Sol. Cuando anotes tus intenciones, hazlo como si ya fueran una realidad, con frases como «soy», en lugar de «quiero ser».

Fases lunares

Muchos de nosotros sentimos los efectos de las fases lunares inconscientemente.

Fases lunares

¿Últimamente te sientes más intranquilo de lo normal, o como si derramaras tus emociones por doquier? Indaga si es posible que se deba a la nueva fase lunar. No te lleves a engaño: la Luna es pequeña ¡pero poderosa! Desde el movimiento de las mareas oceánicas hasta la sincronía de la Luna con los ciclos menstruales, este bello cuerpo celestial ejerce su influencia sobre todos nosotros. A lo largo de la historia, se ha respetado a la Luna como energía divina materna. Los seguidores de las diosas de la Luna, como Selene en la mitología griega y Yemaya en algunas comunidades de África Occidental en diáspora, acuden a su energía para obtener refugio y consuelo emocional. Durante siglos, las brujas han seguido el calendario lunar para sus hechizos y rituales. ¡Muchos de nosotros sentimos los efectos de estas fases inconscientemente!

Saber en qué signo del zodíaco se producen las fases lunares te ayudará a comprender los temas en los que puedes centrarte en cada momento.

- ***Aries*** – Tu motivación; tu forma de pasar a la acción; tu guerrero interior.
- ***Tauro*** – Tu relación con el dinero y los asuntos materiales.
- ***Géminis*** – Comunicación; tu forma de exteriorizar tus ideas; aquello que te inspira.
- ***Cáncer*** – La activación de tu energía maternal interior; tu intuición y emociones.
- ***Leo*** – Tu expresión creativa; tu energía romántica; tu autoestima.
- ***Virgo*** – Rituales a través de la acción cotidiana; tu forma de servir a los demás; tu perfeccionismo.
- ***Libra*** – Tu forma de presentarte en el amor; la creación de armonía interior; tus relaciones.
- ***Escorpión*** – Reconocimiento de tus sombras; completa comprensión de la psique.
- ***Sagitario*** – Tus ideas filosóficas; tu forma de aprender de los demás; la ampliación de tus horizontes.
- ***Capricornio*** – Sistemas sociales; tu estructura y marco interior; tu carrera.
- ***Acuario*** – Rebelión; tus ideas innovadoras y tu papel humanitario.
- ***Piscis*** – Tu espiritualidad y creencias; tus sueños; creatividad desde un propósito superior.

Fases lunares

LUNA NUEVA

Nuevos inicios y nuevas intenciones

La luna nueva es la primera fase del ciclo lunar y es el mejor momento para manifestaciones. ¿Deseas expresarte pero no sabes por dónde empezar? Durante la luna nueva, puedes fijarte intenciones como una manera de atraer nueva energía. Esta es tu oportunidad para explorar tu propia intuición, reprogramarte y centrarte en lo que realmente deseas que pase en tu vida. Si te planteas iniciar un negocio o sociedad, alinearlo con la luna nueva puede ser un buen augurio, y propiciará la energía necesaria para que el proyecto despegue. Las lunas nuevas también ayudan a obtener claridad acerca de las acciones que pueden tomarse antes de la luna llena.

IDEA PARA EL DIARIO | ***Intenciones para la luna nueva***

¿Qué intenciones deseas fijar para esta luna nueva? Anótalas, ¡y no temas incluir detalles! Te sugerimos que no te propongas más de tres o cuatro intenciones, para poder concentrar tu energía y darles espacio para que se manifiesten. ¿Qué energía está detrás de tus intenciones? ¿Cómo puedes ayudar al universo a abrir tu camino hacia estas intenciones? Escribe respuestas a modo de afirmaciones, como si estas abundancias ya fueran tuyas.

Por ejemplo:

- Tengo un trabajo nuevo que me hace sentir feliz y realizado.
- Estoy en una relación donde hay apoyo y cariño.
- Gozo de abundancia económica y mi dinero trabaja para mí.

Cuelga estas afirmaciones en un lugar bien visible, como el espejo del baño o la puerta de la entrada. Ver las intenciones afirmará a diario tus manifestaciones y te mantendrá en el buen camino.

LUNA CRECIENTE

Repaso de intenciones

La luna creciente te ayuda a mantener el foco en tus intenciones y deseos expresados con la luna nueva. Es una buena fase para comprobar que vas encaminado y llevas a cabo las acciones pertinentes. Revisa las intenciones y reflexiona sobre su evolución y los pasos que hay que tomar. Esta fase lunar ocurre una semana después de la luna nueva.

IDEA PARA EL DIARIO | ***Reflexión sobre la luna nueva***

Pasada una semana de la luna nueva, reserva un rato para reflexionar y anotar tu progreso. Repasa las intenciones que te propusiste en la luna nueva con mirada crítica y hazte las siguientes preguntas:

- ¿Pueden ser más específicas mis intenciones?
- ¿Qué pasos he dado hacia mi intención?
- ¿Qué me frena?
- ¿Qué apoyo necesito?

Es importante que tengas claras tus intenciones y te concentres en el camino. Cuanto más capaz seas de reconocer tus puntos fuertes y débiles, mayor perspectiva ganarás para saber con qué precisas ayuda y qué pedir al universo. Las fases lunares no son procesos que se produzcan de un día para otro, y las manifestaciones pueden tardar un tiempo en realizarse, incluso alargarse hasta la correspondiente luna llena.

LUNA LLENA

Reflexión y cierre

La luna llena completa un ciclo y es un momento para la reflexión. Ocurre dos semanas después de la luna nueva y siempre la gobierna el signo opuesto al que gobernara la luna nueva. (Así se oponen los signos: Aries es el opuesto de Libra; Cáncer es el opuesto de Capricornio; Géminis es el de Sagitario; Piscis, de Virgo; Tauro, de Escorpión; y Leo, de Acuario). La luna llena ha reunido luz durante la fase creciente y ahora representa la culminación de la unión de Sol y Luna. Es una fase de reflexión y cierre para las intenciones de la luna nueva. La luna llena activa despertares emocionales profundos para acercarte a lo que deseas. Debemos dejar espacio para aquello que deseamos para poder recibirlo. Pasar página puede reabrir heridas de abandono, por eso es importante demostrarnos compasión durante la luna llena. Esta fase lunar puede estar relacionada con nuestra oscuridad interior, pero su brillante luz está ahí para iluminar nuestros poderes. Nosotros decidimos cómo utilizar esos dones. Confiar en la energía maternal que existe en nuestro interior nos permite sentirnos apoyados durante estas transiciones tan emocionales.

IDEA PARA EL DIARIO | ***Agradecer y soltar***

Aprovecha la luna llena para revisar tus intenciones y comprobar si se han manifestado. ¿Qué parece encallado o no ha fructificado, y por qué? ¿Es cuestión de tiempo, o es que el deseo o la intención simplemente no están en línea con tu camino? ¿Cómo puedes darle la vuelta o cambiarlo? ¿Qué ha hecho falta desechar durante este tiempo? ¿Cómo puedes dedicarle atención consciente y dejarlo ir? En un trozo de papel, escribe aquello que creas estancado, empezando con las palabras «Me desprendo de...», y agradece a la vez lo que esas cosas te han enseñado.

Por ejemplo:

- Me desprendo de esta relación tóxica y le agradezco haberme enseñado a quererme a mí.
- Me desprendo de mi marco mental de escasez, que me ha enseñado a ser parco con el dinero, pero que ahora me impide sentir la abundancia.
- Me desprendo de esta carrera profesional, que no me satisface pero que me ha enseñado ética laboral y persistencia.

Cuando termines, lee las frases y luego deshazte de ellas, utilizando el elemento en que se encuentre la luna llena. Si está en un signo de fuego (Aries, Leo, Sagitario), quema el papel en el exterior. Si es un signo de agua (Cáncer, Piscis, Escorpión), pon el papel en un tarro y échalo al mar o un lago. Para signos de tierra (Capricornio, Tauro, Virgo), entierra el papel. Si se trata de un signo de aire (Acuario, Libra, Géminis), rompe el papel y lanza los fragmentos al viento.

CUÍDATE ASÍ | *Agua de luna*

La luna llena es capaz de cargar el agua de energía limpiadora. Deja un vaso de agua en el alféizar de una ventana o en la terraza toda la noche, bajo la luz de la Luna. Puedes poner cristales en el vaso para potenciar su efecto (pero antes averigua si son adecuados para sumergirlos en agua). Utiliza luego esta agua de luna para un baño o para limpiar tu hogar, incluso puedes beberla.

CUÍDATE ASÍ | *Carga tus cristales*

Los cristales necesitan limpieza energética, igual que los seres humanos. Deja los cristales en el exterior toda la noche cuando haya luna llena. Así los limpiarás de la energía estancada que acumulen. Notarás la recarga de energía la próxima vez que los emplees en tu práctica.

LUNA MENGUANTE

Agradecimiento por el viaje

La luna menguante es un momento para reflexionar sobre los progresos realizados desde la luna nueva. Ocurre una semana después de la luna llena, y te permite pasar a un estado de gratitud. Presta atención a lo que has soltado y a la manera en que te está ayudando a adoptar un nuevo marco mental. Agradece todo lo que has conseguido en cuanto empieces a notar la llegada de la abundancia a tu vida.

Equinoccios y solsticios

Los equinoccios y solsticios ejercen una enorme influencia en nuestra psique interna.

El retorno del equilibrio y el descubrimiento del rumbo

Los equinoccios y solsticios son conocidos como los cambios de estación. ¿Te preguntas por qué estás más deprimido en invierno? ¿O por qué en verano te sientes tan seguro de ti mismo? El paso de las estaciones ejerce una enorme influencia en nuestra psique interna.

La palabra «equinoccio» viene del latín *aequinoctium*, que significa 'noche igual', y describe un momento en que el Sol cruza el ecuador celestial y experimentamos un equilibrio entre las horas de luz y de oscuridad. Los equinoccios se producen durante el comienzo del otoño y la primavera, cuando la Tierra se halla en alineación directa con el Sol.

La palabra «solsticio» viene del latín *solstitium*, que significa 'posición quieta del Sol'. Los solsticios se producen cuando el Sol alcanza su posición más septentrional y meridional sobre el ecuador. En el hemisferio norte, el solsticio de verano ocurre cuando el Sol alcanza su punto más septentrional, y el solsticio de invierno cuando alcanza su punto más meridional. En el hemisferio sur, ocurre al revés.

Cada equinoccio y solsticio se produce al comienzo de uno de estos signos cardinales de la astrología occidental: Aries, Cáncer, Libra y Capricornio. Estos signos cardinales son los cabecillas de su elemento, por eso marcan el inicio de cada nueva estación. Estos cambios del ciclo anual de la Tierra nos revelan el proceso de muda y renacimiento que vive constantemente nuestro planeta.

La energía de cada equinoccio fortalecerá tus intenciones, aportando más abundancia a tu vida. Durante los solsticios, sentirás un gran cambio de energía que nos conecta con los reinos más elevados y nos ayuda a ganar claridad y comprender nuestro propósito. Si te sientes perdido o desorientado, un solsticio o equinoccio puede ayudarte a encontrar de nuevo tu camino.

Equinoccio de primavera

En plena floración

La primavera es la estación de las aves y las abejas, época de flirteo con todo lo que florece. El tiempo es más cálido; los días, más largos, las plantas crecen y salen las crías de los animales. Las antiguas culturas, como los mayas y los pueblos paganos europeos, comprendieron la poderosa energía del equinoccio de primavera y lo aprovecharon como época para rituales y sacrificios para obtener bendiciones y para honrar a sus diosas de la fertilidad. Algunos elementos de estas celebraciones han llegado a nuestros tiempos: ¿sabías que los huevos de Pascua significan fertilidad?

El equinoccio de primavera puede hacer que te entren ganas de salir con alguien si no tienes pareja, o, si la tienes, inspirarte para renovar tus votos. Además, es un momento para estrenar proyectos y atreverse con cosas nuevas. Se trata de un periodo para evaluar tus objetivos y pensar en lo que deseas ver manifestar. El equinoccio de primavera es ideal para escuchar la voz interior y observar las formas de conexión entre nosotros. Cuando llega la primavera, notas el equilibrio entre la tierra y la humanidad; salimos de la hibernación para poder comenzar de cero.

CUÍDATE ASÍ | ***Limpieza primaveral del alma***

Existe una razón por la que cada primavera sientes la necesidad de llevar a cabo una limpieza a fondo de tu hogar. Es algo muy recomendable, ya que representa deshacerse de lo viejo para dar la bienvenida a lo nuevo. Céntrate en tus intenciones de eliminar energías estancadas y convierte así la limpieza primaveral en un ritual. Añade un agua limpiadora, como agua de Florida, a la solución y detergente que suelas emplear para favorecer la limpieza de vibraciones negativas. Limpia suelos, paredes y ventanas. Dona ropa que ya no te sirva, ordena y tira papeles, y recicla todo lo que ya no necesites. Cuantas más cosas descartes, más ligero te irás sintiendo: física, espiritual y emocionalmente. Quema un atado de hierbas con las ventanas abiertas después de limpiar para expulsar la vieja energía de tu casa y sentir un espacio vital limpio. Utiliza un difusor de aceites esenciales o incienso que atraiga la abundancia, como el cedro, el ylang-ylang o la bergamota. Esto fomentará la energía que pretendes atraer a tu espacio y tu vida. Pon un jarrón con flores para ofrecer a tu hogar -y a ti- un bonito impulso energético. La primavera ha llegado oficialmente: es hora de disfrutar de todo lo bueno que te trae.

CUÍDATE ASÍ | *Ritual de crecimiento*

La energía primaveral trata de creación y manifestación. Elige una planta nueva para tu jardín o una de interior si no tienes espacio exterior. Dedica tiempo a la nueva incorporación y escribe todo lo que deseas que manifieste esta temporada. ¿Qué te inspira ahora mismo? ¿Qué deseas cultivar? ¿Qué proyectos quieren nacer? Cada vez que cuides tu planta, repite estas intenciones en voz alta mientras lo haces. La planta se convertirá en un recordatorio tangible para seguir dedicando trabajo y energía a lo que deseas que se manifieste, igual que dedicas trabajo y energía a cuidar de este ser vivo. Tu planta refleja la energía que le dedicas. Esta es la mejor época para ver crecer las cosas, incluido tú.

Equinoccio de verano

Celebración

Con la llegada del calor, nos sentimos llenos de alegría y necesitamos socializar y disfrutar del Sol. Este equinoccio marca el día más largo del año, y podemos sentirnos más generosos y compasivos.

Ahora no es momento de reprimirse. Aprovecha la energía de este solsticio para revitalizar tu espíritu y tu vida. Sentirás el impulso espiritual de perseguir tus deseos, alcanzar hitos más elevados y explorar cosas nuevas. El solsticio de verano es una celebración de la persona que eres y del divino poder que albergas en tu interior.

CUÍDATE ASÍ | ***Respiración para el amanecer***

Ponte el despertador a la hora del amanecer la noche antes del solsticio de verano. Por la mañana, sal al exterior o sitúate ante una ventana donde te toquen los rayos del Sol. Enciende una vela amarilla y sujétala en tus manos. El amarillo es el color de la creatividad y conecta con la energía solar. Mirando hacia el amanecer, respira hondo unas cuantas veces. Al inhalar por la nariz, concéntrate en la energía de fuego del Sol. Siente que el fuego entra en tus pulmones e imagina que viaja por todo tu cuerpo. Con cada inhalación, visualiza el fuego más y más fuerte en tu interior. Cada vez que exhales, imagina que sueltas energía estancada o miedos que podrían estar en tu cuerpo. Continúa respirando profundamente mientras lo notes necesario. Cuando termines, expresa gratitud hacia ti mismo por esta práctica. Deja que la vela amarilla queme todo el día como homenaje a la energía del solsticio de verano.

CUÍDATE ASÍ | *Carga tus cristales*

Del mismo modo que es posible cargar los cristales bajo la luna llena (página 141), también se pueden cargar bajo el Sol del solsticio de verano. Al anochecer, pon los cristales cargados en la funda de tu almohada para sentir el poder de la energía solar en tus sueños.

CUÍDATE ASÍ | *Celebra la creación en todas sus formas*

La creatividad y la expresión artística están conectadas con nuestra energía de la fertilidad. Dedica tiempo a la creación artística que te nutra, o baila al son de tu lista de reproducción preferida para sentirte vivo, o suéltate con la práctica de sexo consensuado, seguro y poderoso. El solsticio de verano es un gran momento para homenajear a la diosa de tu interior participando en todas las acciones creativas que te hagan sentir bien.

CUÍDATE ASÍ | *Baño ritual*

Prepárate un baño y añade sal de Epsom además de unos pétalos de rosa y aceite de rosa (y burbujas si quieres divertirte más). Mientras tomas el baño, medita sobre tu alegría. ¿Cómo la cultivas a tu alrededor? Mímate con un automasaje pasando los dedos por los lados del cuello, frota las sienes y realiza torsiones de espalda para sentir cómo se estira de bien tu torso. Disfruta y calma tu cuerpo y mente.

Equinoccio de otoño

La cosecha

En otoño, recogemos lo que hemos sembrado, y los árboles empiezan a desprenderse del follaje estival. El equinoccio de otoño nos transporta en un viaje espiritual hacia nuestro interior. Marca el principio de un momento de gratitud, reflexión y reequilibrio. Las culturas antiguas veían el equinoccio de otoño como una época de cosecha de todo lo plantado en primavera y verano. Para los griegos, ahora regresaba la diosa Perséfone del submundo, mientras que China celebra este cambio de estación con los festivales de la Luna. A lo largo de las tradiciones japonesa, polaca, americana e inglesa, observamos que este periodo está señalado con fiestas. También es un momento para reflexionar sobre el concepto de la muerte y los finales, y para dedicar tiempo a honrar a nuestros antepasados. Algunas culturas llevan a cabo ceremonias con fuego para conectar con la transformación que se produce ahora.

Durante los meses de otoño, pasamos más tiempo en el interior, con seres queridos, y todo se mueve a un ritmo más pausado que en verano. Otoño es la canción de cuna previa al gran sueño del invierno.

CUÍDATE ASÍ | ***Organiza una cena de gratitud***

Monta una reunión con familia y amigos, y sirve platos elaborados con las frutas y verduras de temporada. El otoño va de cosechas y abundancias, por eso compartir alimentos que representan esta energía resulta nutritivo para cuerpo y alma. Después de disfrutar de la deliciosa comida, tú y tus invitados podéis responder a las siguientes preguntas que cada uno tiene anotadas en una hoja de papel:

- ¿Qué cosas nuevas han sucedido desde la primavera que te hacen sentir feliz?
- ¿En qué aspecto de tu vida querrías ver más abundancia?
- ¿Qué esperas que se cumpla de lo que todavía no ha sucedido?

Luego, rellenad los espacios en blanco de las siguientes afirmaciones:

- Doy las gracias y siento gratitud por ....
- Pido al universo que traiga .... a mi vida.
- Pido ayuda para que .... fluya fácilmente hacia mí.

Por turnos, compartid vuestras afirmaciones y convertiros en testigos de los viajes y el crecimiento de los demás.

CUÍDATE ASÍ | ***Construye un altar equinoccial***

Dispón un espacio en forma de altar dedicado a la abundancia y la energía otoñal. Utiliza los cuatro elementos: enciende una vela para el fuego, quema incienso o usa un calentador de aceite para el aire, y dispón un vaso de agua y un tarro con tierra o una plantita. Incluye ofrendas como vino, leche y miel para celebrar el dulzor de la vida. Puedes decorar el altar con colores otoñales, como morados y anaranjados. Añade elementos como hojas o calabazas para dar sensación de cosecha.

CUÍDATE ASÍ | ***Meditación para el equinoccio de otoño***

Necesitarás:

- aceite esencial de eucalipto
- incienso
- un mechero
- una vela
- papel y bolígrafo

Siéntate cómodamente. Ponte un par de gotas de aceite de eucalipto en las palmas de las manos, frótalas y respira el vigorizante aroma, haciendo que se mueva con tu respiración. Enciende el incienso en honor a la estación y a cualquier persona, del pasado o del presente (incluidos tus antepasados), por quienes desees expresar tu gratitud. Enciende la vela para representar el inicio de esta nueva fase y estación. En el papel, anota aquello de lo que te desprendas durante este equinoccio de otoño, y, además, aquello por lo que te sientas agradecido. Una vez hecho esto, quédate sentado y sigue meditando, mirando la llama de la vela y dejando que el aceite esencial y el incienso inunden tus sentidos.

Equinoccio de invierno

La noche más larga

El solsticio de invierno señala el inicio de un periodo de hibernación. Algunos animales duermen durante los fríos meses invernales. Los humanos podemos adolecer de depresión estacional, y tomamos más alimentos reconfortantes y vestimos ropa más cálida. Al llegar la «estación de acurrucarse», uno puede estar atento a pretendientes potenciales. Se trata de un periodo en que el cuerpo, la mente y el espíritu miran hacia el interior. Se cuelgan ramitos de muérdago, y el olor a pino y canela perfuma en el aire.

No es ninguna coincidencia que el invierno es un periodo de tradiciones centradas en las reuniones familiares. Los antiguos pueblos escandinavos celebraban el solsticio de invierno con la festividad del Yule, mientras que, para los indios americanos, Zuni es el comienzo del año nuevo y se celebra con danzas sagradas. En la historia romana, la Saturnalia se celebraba coincidiendo con el solsticio de invierno.

El solsticio de invierno es el momento en que la posición detenida del Sol representa una poderosa metáfora de nuestro cambio de dirección e intenciones. No te olvides de formular tus propósitos de año nuevo. El año es nuevo, ¿lo eres tú? Se pueden forjar nuevas ideas cuando exploramos nuestra oscuridad personal. Después de experimentar la noche más larga, vemos la luz en el horizonte, con la promesa de días más largos y de más luz.

CUÍDATE ASÍ | *Toma un baño cítrico*

Un baño caliente te proporcionará descanso y relajación en el solsticio de invierno. Corta naranjas y limones en rodajas y añádelos al agua, junto con lavanda seca y aceite esencial de pino. Puedes incluir aceite de almendras para ablandar la piel si deseas darte un pequeño lujo. Este año te animará y te inspirará sensaciones de calma y confort.

CUÍDATE ASÍ | *Ritual para dejar ir*

Anota en un papel los sentimientos o «rasgos negativos» que hayas adquirido en el último año. Recorta cada palabra. En el exterior, dispón un cuenco lleno de agua delante de ti y enciende una vela junto a él. Mientras sujetas cada papel sobre la llama, deja que se quemen la resistencia o creencias que ya no te sirvan. Deja el papel ardiendo en el bol con agua. Al apagarse, imagina que te desprendes de las cosas que te están frenando.

IDEA PARA EL DIARIO | *Propósitos de año nuevo*

Hacerse propósitos de año nuevo ayuda a dejar claro el tipo de energía que queremos atraer con el nuevo año. Antes de que el reloj marque la medianoche en Nochevieja, dedica un rato a repasar tu diario y reflexionar sobre los doce meses pasados. ¿Se han cumplido los propósitos del año pasado? ¿Se apoyaban en intenciones alineadas con tu camino divino? Las preguntas que se ofrecen a continuación te ayudarán a fijar unos propósitos para el año que viene más en línea con tu camino y objetivos.

- ¿Qué carencias aparecieron en invierno que pidan ser corregidas?
- ¿Qué estados de ánimo y emociones experimentas bajo la influencia de estos días más oscuros?
- ¿Cómo puedes aceptar los estados de ánimo y las emociones y comprender lo que te enseñan?
- ¿Qué intenciones quieres que se cumplan este nuevo año? Pueden ser pequeñas o grandes acciones, o maneras de ser que desees fomentar. Piensa en los cimientos necesarios para conseguir tus mayores objetivos.
- ¿Cómo puede ayudar tu estilo de vida a que se manifiesten tus intenciones?

CUÍDATE ASÍ | ***Adivinación***

Si te atrae la adivinación, una tirada de cartas en Año Nuevo reforzará la definición de tus intenciones. Puedes usar una baraja del oráculo o de tarot. Mezcla las cartas y concéntrate a la vez en la energía que quieres atraer para el nuevo año. Cuando te sientas listo, esparce las cartas ante ti, bocabajo. Elige una: esto será lo que cabe esperar para todo el año. A continuación, elige tres cartas más y ordénalas de izquierda a derecha. Estas cartas representan la forma de conseguir el objetivo del año. Elige una última carta y ponla debajo de las otras tres. Esta representa un mensaje adicional que envía tu equipo de orientación espiritual. Medita sobre las cartas y documéntalas en tu diario para conservarlas como referencia todo el año.

Sobrevivir
día a día

Las posiciones de los planetas en la carta natal de una persona pueden decir mucho sobre la manera de exteriorizar su energía.

Sobrevivir día a día

¿Alguna vez te has preguntado por qué a veces conoces a alguien con quien enseguida sientes un vínculo tras una sola conversación, pero, en cambio, tienes un hermano o familiar cercano con quien nunca ves las cosas del mismo modo, por mucho que lo intentes? ¿Te parece fácil colaborar con algunas personas y, en cambio, te sientes ahogado por ese control de tu jefe que limita tu necesidad natural de libertad creativa? Puede ser frustrante notar que a diario interactúas con una persona que habla un idioma completamente diferente al tuyo. ¡Por eso tal vez te resulten útiles unas nociones de compatibilidad astrológica!

En la astrología occidental, las posiciones de los planetas en la carta natal de una persona pueden revelar su manera de externalizar su energía. Nuestra forma de procesar las emociones, mostrar ira, demostrar amor y comunicarnos se refleja en ella. Cuando conoces las posiciones planetarias de una persona, quizás eso te aclare la manera de conseguir que vuestra relación sea beneficiosa para ambos, y te ayude a comprender y superar las áreas de conflicto. Todos estos atributos se reflejan en las interacciones diarias, y saber cómo gestionarlos facilita que la comunicación con los seres queridos se produzca desde la comprensión.

Posiciones planetarias

POSICIÓN DEL SOL

La posición del Sol (o signo astral) es como la página biográfica de tu perfil en una aplicación de citas: pone de relieve tus mejores atributos, rasgos positivos y principales características. Actúa como la personalidad a través de la cual externalizas todas las otras posiciones. Se trata de tu esencia, la energía que irradias hacia el mundo que te rodea. También está conectada con tu ego e identidad. Es el signo al que hace referencia la mayoría de la gente cuando habla de astrología occidental. Pero pasada esta introducción, ¿qué más hay? Veámoslo...

POSICIÓN DE LA LUNA

¿A veces piensas que los demás no saben cómo eres detrás de la fachada? La posición de la Luna puede definir esas partes de ti secretas: tus deseos más profundos, un mundo interior que se tarda algo más en descubrir. Es tu diálogo interior, la constante conversación contigo mismo. La posición de la Luna representa la persona que eres cuando nadie más está mirando, o cuando no te sientes obligado a actuar para los demás. Aquí es donde se alojan tus procesos de pensamiento subconscientes, y es la raíz de tus acciones aparentemente inexplicables. En última instancia, la posición de la Luna es tu forma más auténtica de moverte por el mundo.

ASCENDENTE

Se dice que las primeras impresiones son las que cuentan. Cuando una persona conecta con tus vibraciones, lo hace con la esencia de tu ascendente. El ascendente también se conoce como casa del ascendente. Es la máscara social que te pones cuando conoces a alguien e interactúas con él. Así es como los demás te perciben: la persona que conocen cuando os presentan. Tu ascendente es tu campo de energía y tu manera de percibir el mundo. Hay teorías en astrología que afirman que, a medida que crecemos y nos sincronizamos más con nosotros mismos y nuestro propósito, el influjo del ascendente disminuye.

POSICIÓN DE MERCURIO

¿Alguna vez se ha interpretado como ira tu naturaleza apasionada en la conversación? El lenguaje expresivo o conducta tranquila pueden considerarse más o menos aceptables, en función de tu cultura de nacimiento. La posición de Mercurio es lo que motiva tu manera de comunicarte y procesar información. Tu forma de hablar a los demás y expresarte depende de esta posición planetaria. La posición de Mercurio en un signo de agua puede significar que presentes reacciones más emocionales, mientras que su posición en el fuego puede traducirse en un comportamiento más animado en tu comunicación. Una posición en un signo de aire puede significar que tiendes a analizar las situaciones, mientras que, si Mercurio cae en un signo de tierra, seguramente serás práctico en la resolución de problemas. Tanto si captas la situación general como si te centras más en los detalles, la posición de Mercurio explica tu forma de solucionar los problemas cotidianos. Comprender cómo escuchas, te comunicas y te identificas con los demás es un elemento importante de compatibilidad astrológica. Si tú y la persona con quien te comunicas presentáis elementos contrastados, se puede producir una buena sintonía o un choque de personalidades.

POSICIÓN DE VENUS

A primera vista, tu posición del Sol puede no parecer demasiado compatible con la de tu pareja, pero, si vuestras posiciones de Venus sí lo son, vuestra relación puede ser profundamente íntima y satisfactoria. Si alguna vez te has preguntado qué clase de energía atraes o cuál es tu propio brillo personal, comprueba tu posición de Venus para encontrar la respuesta. Esta posición indica cómo amamos y damos afecto, y qué tipo de relaciones nos satisfacen. Al averiguar la compatibilidad amorosa, la posición de Venus puede determinar si la conexión es poderosa para quedarse o si será una cita rápida. Conocer tu posición de Venus te ayudará a aceptar tu lenguaje afectivo, desde tu manera de flirtear hasta el modo de comportarte en tus relaciones amorosas.

POSICIÓN DE MARTE

Si en alguna ocasión te han acusado de exaltado (o, en el otro extremo, de pasivo), echa un vistazo a tu posición de Marte. Tu manera de actuar y reafirmarte se canaliza a través de esta posición. La posición de Marte es lo que alimenta nuestros fuegos: decide lo que nos mueve, y de qué manera presentamos batalla. Cuando discutes con alguien, tu posición de Marte controla la energía que inunda la arena. Tus necesidades básicas se activan a través de este signo, por lo cual es lógico que también sea tu manera de manifestar tu energía sexual. Por tanto, si quieres saber cómo se traducirá sexualmente la química que sientes con la persona que te gusta, anota su fecha de nacimiento y comprueba si vuestras posiciones de Marte son compatibles. Conocer tu posición de Marte te ayuda a cultivar los entornos sanos que favorecerán tu expresión.

¿Qué son los elementos?

En la astrología occidental, cada signo zodiacal está gobernado por un elemento

En astrología, cada signo del zodiaco está gobernado por un elemento. Se trata de las fuerzas naturales que reflejan nuestra manera de movernos en el mundo: fuego para limpiar, agua para nutrir, aire para crear cambio, y tierra para que todo arraigue. El simbolismo de estos elementos y las formas naturales que toman pueden revelar por qué nos comportamos como lo hacemos. Estos elementos, además, se encuentran en el tarot, el ayurveda, la astrología china y muchas historias mitológicas. Cada elemento personifica fortalezas y debilidades que pueden ayudarnos a equilibrar el resto de signos zodiacales. Ser conscientes de estos rasgos puede ayudar a comprender nuestra forma de reaccionar a estas diferentes energías y lo que podemos aprender de ellas.

FUEGO:

Quema, quema

Los signos de fuego encarnan la acción y creatividad constantes. Lo de planificar las cosas está muy bien, pero el enfoque de los signos de fuego consiste en lanzarse. Este elemento es el de Aries, Leo y Sagitario. La energía de los aries permite canalizar su guerrero interior y favorece la asertividad. Si deseas ser el centro de atención, los leo te enseñarán a creer en ti a pesar de la adversidad. Expandir horizontes es el punto fuerte de los sagitario, que demuestran que la vida consiste en explorar terrenos desconocidos. La actitud ambiciosa de los signos de fuego puede resultar temeraria, pero su valentía natural es digna de admiración. Este elemento facilita el inicio de nuevos proyectos, la aceptación de nuevos comienzos y la inversión de energía en aquello que precise despegar con la fuerza de un cohete.

CUÍDATE ASÍ | ***Para signos de fuego***

- Si eres un signo de fuego, el movimiento es esencial para tu bienestar. Incorpora actividad física en tu día a día. El ejercicio diario, ya sea deporte, baile o paseos, ayuda a estos signos a consumir su exceso de energía. Usa el movimiento como forma de meditación. Nota la resistencia que te ofrece la actividad elegida y contémplala como algo que superar y que te hace avanzar. Los signos de fuego gozan de un buen reto.

- La creatividad y el niño interior están fuertemente vinculados a la energía del fuego. Tanto si se trata de una nueva obra artística como de un papel en una producción teatral local, no temas poner en marcha tu poder y alegría. Piensa en las aficiones creativas que te gustaban de niño. ¿Hay algo que quisieras retomar? Es importante para los signos de fuego contar con una pasión o un proyecto a través del cual canalizar su energía.

- Realiza una meditación observando la llama de una vela. Al mirarla, medita acerca de la manera en que estás transmutando esta energía. Reflexiona sobre cómo puede ayudarte a moverte con intención y desprenderte de la energía que no te sirva.

AGUA:

Mares de emociones

Nunca intentes engañar a un signo de agua: ¡su intuición lo sitúa diez pasos por delante! Los signos de agua son los maestros espirituales de la astrología. Poseen una capacidad innata para sintonizar con los reinos más elevados y reciben mensajes del universo. A menudo sueñan despiertos y se asoman a los espacios sobrenaturales. El elemento del agua se muestra en Cáncer, Piscis y Escorpión. Los instintos naturales de sanación de los nativos de Cáncer se basan en una fuerte intuición y conciencia de lo que necesitan las personas que los rodean. Como Escorpión está relacionado con el inframundo, los escorpiones no temen los reinos más oscuros y comprenden las realidades de la psique humana. Piscis personifica los sueños y relaciones con el poder más elevado, y los nacidos bajo este signo ven magia en el día a día. Los signos de agua son conocidos por sus cambios de humor, pero su conciencia emocional les permite sentir las profundidades de la experiencia humana.

CUÍDATE ASÍ | ***Para signos de agua***

- Los signos de agua son empáticos por naturaleza, de modo que, si eres un signo de agua y te sientes emocionalmente abrumado, proteger tu energía te beneficiará. Sentado, respira hondo tres veces e imagina que una luz blanca te desciende desde lo alto de la cabeza hasta las plantas de los pies. Esta luz blanca crea una pirámide de protección, resguardando tu campo energético. Emplea esta práctica cuando te sientas superado emocionalmente por la energía de otras personas.

- Usar el agua para autocalmarse es algo natural para los signos de agua. Utilizar sales de baño una vez a la semana es beneficioso, y una gran manera de restablecer tu energía. Prepara un baño caliente al final de una semana difícil con sal de Epsom y tus aceites esenciales favoritos. Visualiza las toxicidades y la energía negativa abandonando tu cuerpo mientras te relajas en el confort de tu elemento y te recentras. El baño es un buen lugar para descubrir y recibir mensajes intuitivos.

AIRE:

Exceso mental

Los signos de aire están constantemente bullendo energía mental, porque su mente está llena de ideas y opiniones. Recoger información y transmutarla es la especialidad del signo de aire. Ven posibilidades infinitas más allá de lo que alcanzan a ver los demás. El elemento aire se manifiesta en Géminis, Libra y Acuario. Los géminis son conocidos por su inagotable creatividad y su capacidad de ser constantemente inventivos y experimentales. Siempre desde una perspectiva armoniosa, los libra son diplomáticos y nos muestran cómo equilibrar las ideas y observar todos los aspectos de un problema. Los acuario, a su vez, son los humanitarios del zodiaco, líderes de revoluciones y rebeliones por el bien común. Los signos de aire tienden a intelectualizar las cosas; pueden ser grandes filósofos y siempre teorizan acerca de la manera en que las cosas son como son con base en la historia y la lógica.

CUÍDATE ASÍ | ***Para signos de aire***

- Los signos de aire pueden presentar problemas de arraigo, ya que suelen vivir muy estimulados mentalmente. Si eres un signo de aire, es importante que traslades esta energía a tu cuerpo físico. Llevar encima piedras que favorecen el arraigo, como el cuarzo ahumado, el azabache o el ojo de tigre, te ayudará a ser más consciente de tu fisicidad.

- ¡Con tantas ideas geniales en la cabeza, es importante mantener una práctica de escritura de algún tipo. Tanto si se trata de un diario como de garabatear lo que te pase por la cabeza en una pizarra blanca, te conviene externalizar tus pensamientos de algún modo. Escribir ayuda a aclarar la mente y ordenar las ideas en pasos tangibles. Además, dedica tiempo a estudiar una práctica espiritual que te resulte atractiva. Contempla lo que te gusta de esta ideología y plantéate lo que no te dice nada. Usa tu diario para describir cómo esta ideología te ayuda a sentirte más arraigado.

TIERRA:

Con los pies en el suelo

Casi nada es tan fiable ni determinado como la energía terrestre: es la fuerte base donde crecen nuestras raíces. Aunque no sean de crecimiento rápido, los signos de tierra comprenden que la paciencia y la persistencia son claves para un legado duradero. El elemento tierra se encuentra en Capricornio, Tauro y Virgo. Sintonizados por naturaleza con la tierra, los tauro comprenden los asuntos terrenales y cómo conseguir todo aquello que desean. Los virgo se esfuerzan para mejorar, y sienten la necesidad de mejorar ellos y aquello que los rodea. Los capricornio demuestran estabilidad y la capacidad de acabar lo que empiezan, motivo por el que suelen dárseles responsabilidades. Algunos signos de tierra son testarudos, pero esta energía resolutiva es la que se precisa para que las cosas se hagan. A los signos de tierra se les da bien fijar objetivos, y les gusta disponer de una lista de tareas que realizar para mantenerse encaminados. Cuando se trata de las cosas materiales, son muy buenos y dedican tiempo a crearse un espacio estable y cómodo.

CUÍDATE ASÍ | *Para signos de tierra*

- La jardinería y otras actividades relacionadas con la tierra son muy recomendables para los signos de tierra. Si eres uno de ellos, reserva tiempo para pasarlo en el exterior y sentirte arraigado en tu elemento. Si no dispones de un espacio exterior en casa, crea tu propio jardín dentro con plantas de interior. La unión con el planeta te ayuda a sentirte arraigado y ser disciplinado con tu cuidado. El contacto con la naturaleza te reinicia de forma natural, y eso te ofrece una escapada de las presiones constantes de la vida moderna. Así puedes volver a la conexión contigo mismo.

- Procura practicar la espontaneidad. Deja la lista de quehaceres, tómate la tarde libre y pon el móvil en silencio. Tener planes significa estar siempre preparado, pero, cuando se está dispuesto a fluir, es verdaderamente cuando se puede producir la magia. Pon una lista de reproducción en modo aleatorio para no saber qué canción es la siguiente. Sea cual sea, encuentra la manera de moverte y bailar al ritmo que suene. Cierra los ojos y sintoniza con los cambios que se producen en cada canción. Presta atención a los momentos en que sientes resistencia y al lugar de tu cuerpo y mente de donde procede. Resiste la tentación de controlar la música o tu cuerpo y practica la autocompasión.

COMPATIBILIDAD ELEMENTAL

A pesar de las diferencias entre ellos, cada signo y elemento puede aprender algo importante de los demás. Las brillantes ideas de un signo de aire pueden hacerse realidad con la ética laboral de un signo de tierra. No obstante, la practicidad de un signo de tierra puede resultar algo negra para el enfoque conceptual de un signo de aire. La profundidad emocional de los signos de agua puede ayudar a los de fuego a enfrentarse a su lado más vulnerable, pero la naturaleza tosca del fuego puede ensombrecer la sensibilidad del agua. Los signos de aire pueden favorecer la acción de los de fuego y mantener su impulso, pero la combinación de sus tendencias energéticas puede dejarles a ambos la sensación de falta de arraigo. La inteligencia emocional del signo de agua facilita que el signo de aire sea más afectuoso, pero el de aire se mueve desde la lógica, cosa que puede hacerlo insensible a las emociones del de agua. Los signos de fuego alientan a los de tierra para acelerar su ritmo, pero su enfoque tipo «actúa ahora, piensa después» puede representar un problema para los signos de tierra. La naturaleza estable, sólida de los signos de tierra aporta a los de agua la seguridad que necesitan, pero su naturaleza práctica puede resultar demasiado rígida para la fluidez del agua. Ser consciente de la compatibilidad astrológica entre tú y otra persona puede ser útil para reforzar la relación, además de para sortear algún que otro campo de minas emocional.

El final de nuestro viaje

Resulta asombroso pensar que nosotros, y todas las cosas del universo, estamos hechos de los mismos elementos. Cada fase de un planeta ejerce impacto directo en nosotros. Se puede aplicar la astrología para contemplar los cambios colectivos en la historia de nuestra sociedad. Esto nos ayuda a mantenernos presentes cuando entra en juego una energía mayor. Algunas veces lo inexplicable se comprende observando los movimientos de los cuerpos celestiales.

Descubre en qué fase se encuentra la Luna, o qué planetas retrogradan en este momento, y usa este libro para navegar por los retos y las oportunidades que surjan. La próxima vez que Mercurio retrograde, no hará falta que cunda el pánico: ahora ya sabes que debes reforzar la tecnología y gestionar la falta de comunicación. Y sí, los veintimuchos pueden parecerse a un culebrón melodramático al producirse el primer retorno de Saturno, pero ahora ya sabes que te ayudará a prepararte para los siguientes retornos de Saturno. Si te sientes invadido por emociones fuertes cuando hay luna llena, ahora comprenderás que es porque estás mudando la piel y dejando espacio para cosas nuevas. Al pasar las estaciones, tu cuerpo y espíritu se adaptan instintivamente al cambio. Conocer la historia cultural de los equinoccios y solsticios te ayudará a comprender por qué y cuándo celebramos determinados puntos de inflexión. Y si te presentan a una persona y deseas saber cómo puede que os llevéis, indaga sobre la compatibilidad entre vuestras posiciones planetarias y elementos.

Comprender el impacto que ejerce en ti cualquier cosa que ocurra en nuestro universo, y tu conexión con él, puede ayudarte a vivir en armonía.

Recuerda: es un viaje que no haces solo. Todos nos vemos influidos por el movimiento de las estrellas. O sea que diviértete con él ¡y aprende a jugar al juego astrológico!

ACERCA DE LAS AUTORAS

Ellen Bowles

Ellen Bowles es coautora del pódcast *The Woke Mystix*, astróloga, sanadora y tarotista, nacida y criada en Los Ángeles, EE. UU. Su abuela fue la primera persona que la introdujo en el mundo de la astrología, leyendo los horóscopos del periódico y la guía de televisión a Ellen cuando era pequeña. La intriga por lo oculto que su abuela le inculcó fue la semilla que se convirtió en su práctica espiritual años después. La búsqueda de Ellen de un sistema de creencias más elevado a través de la terapia holística a sus veinte años alimentó su interés por la espiritualidad. Se inició en la adivinación con barajas del oráculo pero se pasó al tarot al sentirse atraída por la conexión astrológica que le recordaba la influencia de su abuela. Ellen ofrece lecturas individuales de astrología y tarot para sus clientes, uniendo los dos servicios en una única experiencia. Como la sanación comunitaria es una de sus pasiones, Ellen desarrolla habitualmente talleres virtuales de tarot, astrología, luna llena y sanación ancestral. Es además artista, y crea obras alrededor del tema de la deidad femenina que han sido expuestas en los festivales Raw Hollywood y The Women's Art Festival de Los Ángeles.

Imani Rachel Quinn

Imani Rachel Quinn es coautora del pódcast *The Woke Mystix*, oráculo cuántica y artista multidisciplinar, nacida en Oregón y residente en Los Ángeles, EE. UU. Acumula quince años de experiencia con las cartas del oráculo, años de interpretación de los sueños y, como parte de un linaje de mujeres intuitivas, trabaja en la sanación con energía cuántica. La mentora de Imani durante gran parte de su vida ha sido su madre, una intuitiva artista visual y coreógrafa. Imani colabora últimamente con un sanador cuántico chamánico y ha elevado sus capacidades de viaje astral y de trabajo con frecuencias energéticas. Imani imparte talleres cuánticos a través de su serie *Quantum Connection Source*, y ofrece a sus clientes trabajos con energía e interpretación intuitiva. Es también coreógrafa y visionaria creativa, ha intervenido en pequeñas filmaciones reconocidas por el Festival de Cine de la Moda de Milán, Italia, y ha realizado residencias artísticas en Arcosanti.

AGRADECIMIENTOS

El presente libro está dedicado a aquellos seres inconformistas que en cualquier etapa de su camino espiritual no han encontrado su lugar en los espacios habituales de bienestar.

Gracias a Jordan Amy Lee, por tomar nuestras palabras y convertirlas en bellas imágenes, y a Claire Warner, por el asombroso diseño y su visión artística en general.

A Kajal Mistry y el equipo editorial, y a Chronicle Books US, por creer en nuestra voz y ayudarnos a compartirla con el mundo.

A nuestros maestros y mentores, por su orientación continuada durante nuestros caminos espirituales.

A nuestros padres, por apoyarnos sin dudas a lo largo de este proceso y ofrecernos siempre su sabiduría para recorrer el camino.

A nuestros amigos y familia del alma: una fuente de ánimo y motivación.

Y, finalmente, a nuestros oyentes y a la comunidad de *The Woke Mystix*: gracias por confiar siempre en nosotras y permitirnos apoyaros en vuestro descubrimiento espiritual.

Los consejos y prácticas aparecen en *cursiva*

ÍNDICE